Elogios de

# El Liderazgo Pivote
### Pequeños pasos...grandes cambios

*A muchas personas les importa el desarrollo de liderazgo, pero muy pocos tienen tanto pasión por ello como mi amiga Angela Craig. Ella demuestra que...lo vive y lo respira. En su libro nuevo maravilloso, El Liderazgo Pivote, esa pasión late por cada palabra y cada concepto bien pensado mientras nos muestra que, con algunos cambios sencillos pero poderosos, todos podemos hacernos los líderes impactantes que estamos destinados a ser[1].*
—Dra. Jodi Detrick – Profesora, entrenadora, oradora y autora del libro bestseller *The Jesus Hearted Women: 10 Leadership Qualities for Enduring & Endearing Influence*

*El Liderazgo Pivote sobresale del grupo de libros sobre el liderazgo este año porque clarifica el nexo entre el desarrollo personal y la transformación cultural—un nexo que la mayoría de programas de cambio organizacional no destacan. Solamente las personas transformadas pueden transformar a otras personas. Angela Craig ofrece pasos prácticos para lograr la transformación personal requerida para líderes a cada nivel para inspirar a los colegas y para promover la excelencia y el éxito[2].*
—Sally Helgesen - Autora, *The Female Vision, The Web of Inclusion, The Female Advantage*

*El toque especial de este libro es cómo establece un ritmo de narrativas que proveen contexto, invitan la reflexión y llaman a los lectores a la acción mediante ejercicios aplicados – principios de la educación jesuita de la autora[3].*
—Adrian B. Popa Ph.D., M.P.A. - Gonzaga University Department of Organizational Leadership

*El liderazgo abre muchas puertas. Las habilidades de liderazgo te dan la capacidad para imaginar las cosas que parecen imposibles para la mayoría de personas. El libro de Angela Craig, El Liderazgo Pivote, te dará algunas de las herramientas que no sabías que necesitabas. Herramientas que pueden ayudarte a responder esas preguntas que no sabías que tenías[4].*
—Michael Reagan - Artista, Fallen Heroes Project

*Me encanta aprender algo nuevo de alguien más joven que yo. El Liderazgo Pivote combina los principios clásicos de liderazgo con principios con un toque del nuevo milenio, una contribución sabia y perspicaz para líderes de cualquier generación[5].*

---

[1] "Many people care about leadership development but very few have the level of passion for it that my friend, Angela Craig, displays...she lives and breathes it. In her wonderful new book, Pivot Leadership, that passion pulses through every word and each well-thought-out concept as she shows us that, with just a few simple but powerful tweaks, we can all be the impacting leaders we are meant to be."
[2] "Pivot Leadership stands out in this year's crop of leadership books because it clarifies the link between personal growth and cultural transformation- a link that most organizational change programs fail to make. Only transformed people transform people. Angela Craig offers practical steps for achieving the personal transformation required for leaders at every level to inspire colleagues and foster excellence and success."
[3] "The distinctive edge of this book is how it establishes a rhythm of narratives that provide context, invite reflection, and call readers to action through applied exercises – cornerstone principles of the author's Jesuit Education."
[4] "Leadership opens many doors. Leadership abilities enable you to imagine things that seem impossible to most people. Angela Craig's book, Pivot Leadership will give you some of the tools you didn't know you needed. Tools that could help you answer those questions you didn't know you had."
[5] "I love it when I learn something new from someone younger than I. Pivot Leadership brings together classic leadership principles with a millennial twist, an insightful and wise contribution to leaders of any generation."

—Dr. Joseph Castleberry - Presidente, Northwest University; Autor de *The New Pilgrims: How Immigrants are Renewing America's Faith*

*El Liderazgo Pivote es claro, inspirador y lleno de pequeñas pruebas para hacer a solas, ilustraciones prácticas e intuición de liderazgo. Me encanta el énfasis que Angela les da a los pequeños pasos que llegan a ser grandes cambios. Ella ha descrito muchas opciones que se puede hacer para las poderosas decisiones "pequeñas" que los líderes pueden tomar[6].*
—Dr. Lynne M. Baab – Instructora de Teología Pastoral de la University of Otago & Adjunct Tutor de el Knox Centre for Ministry and Leadership in New Zealand & Autora de *The Power of Listening*

Lo que ayuda más en el libro encantador de Angela es que nos hace examinar nuestras asunciones sobre el liderazgo para que podamos elegir conscientemente cómo queremos liderar. Recomiendo este libro[7].
—Dr. Donna Hicks - presentadora con el arzobispo Desmond Tutu en el programa de BBC, *Facing the Truth*; Associate del Weatherhead Center for International Affairs de Harvard University & Autora del libro bestseller, *Dignity: The Essential Role It Plays in Resolving Conflict*

---

[6] "Pivot Leadership is clear, inspiring, and full of helpful self-quizzes, practical illustrations and solid insights about leadership. I love Angela Craig's emphasis on small steps that add up to big changes. She has described lots of doable options for those powerful "small" choices leaders can make."
[7] "What is so helpful about Angela's lovely book is that it forces us to examine our assumptions about leadership so that we can consciously choose how we want to lead. I highly recommend this book."

*El Liderazgo Pivote: Pequeños pasos...grandes cambios*
de Angela Lynne Craig

Traducción de Elizabeth Spayde-Barnes

(Título original de la obra en inglés: Pivot Leadership: Small Steps...Big Change)

© Copyright 2015 Angela Craig
ISBN: 978-1523255696

Published by
425-888-4800
www.angelalcraig.com

# NOTA DE LA TRADUCTORA

La mayor dificultad para traducir un texto es mantener la voz del autor. Cada idioma tiene sus propias expresiones idiomáticas, palabras que existen en un idioma, pero no en el otro, diferencias de unidades de medidas, etc. Mi meta durante esta traducción fue hacer todo lo que pude para no perder la intención y el mensaje originales que Angela escribió en inglés.

Teniendo por objetivo mantener la voz de Angela tanto como pude, he utilizado notas a pie de página. No es necesario leer todas estas notas, pero si tienes alguna duda o quieres saber más sobre unidades de medida, la cita original que utilizó Angela, información sobre títulos de libros en inglés o en español, etc., estas notas te servirán.

En algunos casos, en vez de usar notas a pie de página, escribí pequeñas traducciones en paréntesis, por ejemplo, cuando hay mención de alguna organización que tiene un nombre en inglés.

Y, finalmente, muchísimas gracias a Angela Craig por confiar en mí y por darme esta oportunidad de traducir su obra, *Pivot Leadership*.

--Elizabeth Spayde-Barnes, diciembre de 2015

# DEDICACIÓN

Se dedica este libro a cada individuo que desee vivir
aprovechando de todo su potencial. A la persona que
entienda que la influencia se forma mediante la
transformación personal y también mediante la servidumbre.
Se dedica a los que lideren a través de la esperanza causada
por una lente de color rosa, la determinación de un vaso
medio lleno y la fe que el mundo puede ser un lugar mejor.

# EL LIDERAZGO PIVOTE

PEQUEÑOS
PASOS…
GRANDES
CAMBIOS

ANGELA LYNNE CRAIG

# Contenido

# PREFACIO

## HACIÉNDOTE UN LÍDER PIVOTE

Todo líder quiere dejar su rastro en el mundo. Considera por un momento los líderes que han dejado un rastro personal en tu vida. Ahora, piensa en líderes mundiales que han dejado una escalera al futuro por su influencia, innovación, visión, empoderamiento y legado. ¿A quiénes consideras ser los "héroes del liderazgo" en tu vida?

Algunos héroes del liderazgo en los cuales pensé son: Martin Luther King, Rosa Parks, Abraham Lincoln, Teresa de Calcuta y Leonardo da Vinci. Algunos líderes más contemporáneos también me vienen a la mente: Bill Gates, Sheryl Sandberg y Steve Jobs.

Como líderes, todos queremos saber el secreto detrás de su influencia y su legado. Si hubiera un botón para copiar y pegar características de liderazgo humano, ya lo habríamos utilizado. Si hubiera diez pasos para hacerse un líder influyente que deja un legado, los seguiríamos sin duda.

Mi deseo personal de ser un líder influyente puede verse en los centenares de libros en la biblioteca detrás de mi escritorio, dos títulos en liderazgo colgándose en la pared de mi oficina, una profesión en entrenando líderes y en las palabras que leerás en este libro. Si "liderazgo" fuera una atracción en Disneyland, ¡compraría un FASTPASS!

La verdad es que no hay ningún secreto que tú y yo podemos recoger de estos héroes del liderazgo para hacernos una copia. Esto es porque cada líder es original. Y *tú*, como ellos, fuiste creado únicamente talentoso y capaz en las áreas del liderazgo e influencia en negocios, comunidad o familia que nadie más fue diseñado. No se puede duplicarte.

Lo que se puede aprender de estos héroes del liderazgo son las habilidades y características que causó que ellos nos llamaran la atención entre los billones de personas que recorren la tierra. Estas características llamo *Liderazgo Pivote*.

Los principios del Liderazgo Pivote son simples: *pequeños pasos = grandes cambios. Dar un pequeño paso puede cambiar tu dirección considerablemente.* Vincent Van Gogh dijo que se hacen grandes cosas a través de reunir una serie de cosas pequeñas. Cuando das muchos pequeños pasos, eso puede impactar tu liderazgo y futuro drásticamente.

Se puede entender la naturaleza del Liderazgo Pivote a través de algunas analogías. Imagínate en una clase de baile, y el instructor te pide pivotar. La respuesta a esta pequeña solicitud es mantener un pie firmemente en el suelo mientras giras tu cuerpo en la dirección que quiere tu instructor. Terminas este movimiento fundamental con una pose perfecta, mirando hacia la dirección opuesta por medio de hacer un pequeño ajuste a tu posición.

Puede que no seas bailarín o, como yo, tu primera experiencia con clases de baile terminó de cualquier manera que no fuera la pose perfecta. Intentemos usar otro ejemplo – la acción de pivotar en el juego de básquetbol. El jugador gira sobre un pie que está plantado firmemente en el suelo, y hace el tiro ganador. Independientemente de la historia con la que te identifiques más, el punto es que el bailarín y el jugador utilizaron el pivote para hacer un pequeño cambio que logró resultados extraordinarios.

Cuando examinamos las vidas de héroes del liderazgo, vemos los principios del Liderazgo Pivote repetidamente. Nuestros héroes comenzaron con pivotar su pensamiento. Esa pequeña acción les dio el coraje para actuar sobre una idea o convicción profunda que cambió el mundo para siempre. Nuestros héroes del liderazgo son Líderes Pivote. El primer paso al Liderazgo Pivote:

## PIVOTAR TU PENSAMIENTO…CAMBIAR TU VIDA

Personalmente, los principios del Liderazgo Pivote: *Pivotar tu pensamiento… cambiar tu vida*, han impactado mi mundo significativamente. En la vida, en el liderazgo e incluso en el amor, ha sido la acumulación de pequeños pasos que han cambiado la trayectoria de mi destino. En 1991 estuve en un choque automovilístico que me dejó con daño cerebral traumático. El accidente afectó mi habilidad para leer y escribir y dañó mi memoria a corto plazo. Durante el tiempo de rehabilitación, los doctores me decían que a aceptaría vivir con una discapacidad; mi cerebro funcionaría con la inteligencia de una persona del séptimo grado[8]. Fue un momento decisivo de mi vida cuando elegí pivotar mi pensamiento y superar los límites de la diagnosis de los doctores. Determiné que rompería con las limitaciones y tendría una vida con significado y propósito.

---

[8] En el sistema educativo de los Estados Unidos, una persona en "7th Grade", o séptimo grado, tendría entre 12 y 13 años aproximadamente.

Nunca dudé de mi vocación como líder. Pero si eres líder, entiendes, como yo, que el liderazgo es una profesión peligrosa. No hay nada seguro en el liderazgo. La Filosofía Pivote me ha dado las herramientas diarias para abrazar este ambiente con una actitud de aventura, creatividad, colaboración y una creencia fuerte para el futuro.

Incluso en el amor, los principios Pivote han cambiado la trayectoria de mi vida de una soltera comprometida a una mujer felizmente casada. Como muchas personas, vine de un hogar roto. Colectivamente, experimenté cuatro divorcios y cinco casamientos nuevos. Mi madre se casó tres veces y mi padre se ha casado cuatro veces. Estas experiencias durante mi juventud me causaron creer que el matrimonio era una mala idea. Como adulto joven, decidí que nunca jamás me casaría ni tendría hijos. Si el matrimonio no fuera algo garantizado, no habría por qué traer a niños inocentes al mundo y hacerles experimentar las crisis emocionales causadas por las relaciones fracasadas. Pivotando mi pensamiento para abrazar la verdad y la belleza de un matrimonio sano y una familia seguramente ha sido mi mayor logro. Actuar sobre mi nueva manera de pensar sobre el amor me ha dado diecisiete años (al escribir este libro) llenos de diversión y aventura con un marido maravilloso, Mark, y nuestros dos hijos.

Posiblemente no quieras más que dejar una huella en este mundo, pero hoy te sientas atascado. Atascado profesionalmente, en relaciones, físicamente, espiritualmente y/o emocionalmente. Yo creo que no son los cambios monumentales que hagas, sino que los pequeños cambios cotidianos que hagas para tu liderazgo que te propulsarán al siguiente nivel de éxito. Si ya estás listo para pivotar tu pensamiento y cambiar tu vida, quisiera animarte con estas historias que demuestran cómo pequeño puede convertirse en algo extraordinario.

## PEQUEÑOS CAMBIOS...IMPACTO EXTRAORDINARIO

La teoría que algo tiene que ser grande para tener un impacto significativo es falsa. ¿Cómo es que el movimiento de las alas de una mariposa puede causar un huracán? ¿Cómo es que un copo de nieve se convierte en una bola de nieve y eventualmente una avalancha? ¿Cómo es que la subida de dos grados de temperatura causa caos para un ecosistema? ¿Cómo es que menos de un segundo puede ser la diferencia entre el primer y el segundo lugar para corredores olímpicos? ¿Cómo es que David, un pequeño pastorcillo, derribó al guerrero palestino poderoso, altísimo y totalmente blindado, Goliat?

## ¡PEQUEÑO PUEDE SER PODEROSO!

Louis Zamperini, corredor olímpico, veterano de guerra y héroe de la película y del libro bestseller *Unbroken* relató los obstáculos en su vida como circunstancias que usualmente pueden ponerse en obstáculos más pequeños y más manejables que posiblemente ya estemos preparados para superar[9] (Zamperini y Rensin, 2014, p. 37)

Louis da una descripción elocuente de cómo funciona la Filosofía Pivote al describir su accidente aéreo sobre el mar durante la guerra. Zamperini explica que: *Estuve en un accidente aéreo durante la guerra. No pude hacer nada al respecto. Pude haber muerto. No obstante, sobreviví. ¿Y ahora qué? En vez de encargarme de toda la difícil situación, la dividí en tareas más pequeñas y utilicé las varias técnicas de supervivencia que ya sabía hacer; primeros auxilios, obtener comida, saber no tomar agua salada, mantener una actitud positiva, y seguir teniendo una mente activa. Seguí lo que aprendí durante mi entrenamiento como corredor, un paso tras otro[10]* (Zamperini y Rensin, 2014, p. 37).

Utilizar la Filosofía Pivote fue la diferencia entre vida y muerte para Louis Zamperini. ¿Qué tipo de diferencia puede causar para ti?

Aquí tienes un ejemplo más de la Filosofía Pivote, demostrada por mi equipo de fútbol americano favorito, los Seattle Seahawks, quienes fueron los campeones del Super Bowl XLVIII y campeones de su conferencia en 2015.

En todos los partidos, escucharás a los comentaristas deportivos mencionar el tamaño de los Seahawks. En comparación con otros equipos de la NFL (que tiene un promedio de peso de 260 libras y de estatura de 6 pies y una pulgada[11]), se consideran que muchos de los Seahawks son pequeños (Manfred, 2014).

---

[9] "as circumstances that can usually be broken into smaller, more manageable challenges that we might already be prepared to deal with"
[10] I was in a plane crash during the war. I couldn't do anything about that. I could have died. Instead, I lived. Now what? Rather than try to take on the whole predicament at once, I broke it down to smaller tasks that used the various survival skills I'd already learned; first aid, obtaining food, knowing not to drink salt water, maintaining a positive attitude, and keeping my mind active. I followed my [running] training, a step at a time."
[11] 260 libras son aproximadamente 118 kilógramos, y 6 pies y una pulgada son aproximadamente 185 centímetros.

Por ejemplo, el número 24, Marshawn Lynch (running back), mide 5 pies y 11 pulgadas y pesa 215 libras[12], y el número 3, Russel Wilson (quarterback), mide 5 pies y 11 pulgadas y pesa 206 libras[13]. Ellos son mucho más pequeños que el jugador promedio de sus posiciones. Esto no ha detenido a ellos ni al equipo de superar las probabilidades y ganar. ¿Cuál es el secreto del éxito monumental de los Seahawks? El Liderazgo Pivote. Mira a Marshawn Lynch en cualquier partido y verás que pivota físicamente como un mago para evitar los jugadores defensivos. Sus movimientos durante el partido son algo más que una respuesta física a ser perseguido mientras tiene la pelota en sus manos. Sus jugadas son practicadas, intencionales y ejecutados con coraje.

El entrenador del equipo atacante de los Seahawks, Darrell Bevell, comparte los secretos para el éxito de Wilson: *Russell está comprometido a mejorar los pequeños detalles todos los días* [...] *Es su negación del fracaso[14]* (King, 2014). Russell Wilson y Marshawn Lynch son Líderes Pivote porque ellos, y todos los Seahawks, están comprometidos a los pequeños cambios que resultan en éxitos extraordinarios.

## GUÍA DE CAMPO DEL LÍDER PIVOTE

Considera este libro como una guía de campo durante tu recorrido para aprender el Liderazgo Pivote. En su libro *Pedagogía del Oprimido[15]*, el autor Paulo Freire (2009) enseña que los humanos son capaces de la transformación intelectual, espiritual, emocional e innovadora al practicar la secuencia de diálogo, reflexión y acción.

*El Liderazgo Pivote* tiene por objetivo darte todas estas experiencias que describe Freire. En cada capítulo hay diálogo, se centra en la reflexión y termina con un paso de acción diseñada para ayudarte a cambiar si decides comprometerte en el proceso de hacerte Líder Pivote. Tu compromiso no requiere mucho dinero ni tampoco muchos recursos. Lo que sí requiere es la fe en la habilidad humana para rehacerse, crear de nuevo y que cada persona es capaz de aprovechar todo su potencial que está dentro de sí (Freire, 2009).

---

[12] 5 pies y 11 pulgadas son aproximadamente 180 centímetros. 215 libras son aproximadamente 97 kilógramos.

[13] 5 pies y 11 pulgadas son aproximadamente 180 centímetros. 206 libras son aproximadamente 93 kilógramos.

[14] "Russell [Wilson] is committed to improving on the little things every day," Bevell says. "It's his refusal to fail."

[15] En inglés, este libro se llama *Pedagogy of the Opressed*.

La segunda cosa que se requiere para tu recorrido de Liderazgo Pivote es la Acción Pivote. Tu meta como Líder Pivote será utilizar el diálogo, la reflexión y las actividades de acción incluidas and este libro para hacer los pequeños cambios necesarios para caminar hacia la vida con la cual has estado soñando y para dejar una huella de cambio en este mundo.

# PARTE 1:

# PIVOTEÁ LA VIDA

# CAPÍTULO UNO

## EL LÍDER ADENTRO

*Es difícil liderar una caballería si piensas que te ves*
*extraño montado en caballo[16].*
-Adlai E. Stevenson II

Bien dicho, Señor Stevenson. El Liderazgo Pivote viene de dentro. Los líderes sabrán quienes son antes montar en el caballo de liderazgo. La única manera de convertir tus pensamientos en acciones es saber en lo que crees y lo que representas y ser capaz de expresarlo.

¿Cuál es tu filosofía de liderazgo? ¿Qué características y atributos son los más importantes para ti como líder? ¿Cuál es tu motivación para ser líder? ¿Cómo defines el éxito? Las respuestas a estas cuatro preguntas determinarán la lente a través de la cual ves el liderazgo y logras tus propósitos personales y organizacionales.

## ¿CUÁL ES TU FILOSOFÍA DE LIDERAZGO?

Si yo pidiera a cincuenta personas escribir un ensayo que describiera su filosofía acerca del liderazgo, recibiría cincuenta definiciones distintas. Sí, habría algunos estilos abarcadores que surgirían: liderazgo de servicio, liderazgo transformacional, liderazgo transaccional, liderazgo participativo, liderazgo autoritario, liderazgo auténtico y liderazgo carismático. Pero, cómo se expresan estos estilos sería tan individual y único como la persona que haya escrito sobre estos.

Comencemos con establecer qué estilo de liderazgo te encaja. No existe un estilo universal que se puede enseñar. Cada estilo de liderazgo tiene sus propios fuertes y débiles. Acércate a cada uno a través de la lente de quién eres. Por ejemplo, si fueras comandante de

---

16 "It's hard to lead a cavalry charge if you think you look funny on a horse."

los Navy SEAL, ¿qué sería más apropiado para un equipo fuerte: el liderazgo autoritario o participativo? ¿Y si fueras el pastor de una congregación grande? ¿El director general de una empresa? ¿Un empresario de una viña? ¿O una mujer de casa que está criando la siguiente generación de individuos increíbles?

## ¿QUÉ ESTILO DE LIDERAZGO ES APROPIADO PARA TI Y TU PROFESIÓN?

Lee las definiciones de estilos de liderazgo a continuación. Encierra en un círculo o destaca las palabras o frases con las cuales te identifiques. Pero ten en mente que las definiciones enlistadas aquí solo son una pequeña muestra de las multitudes de definiciones y libros escritos sobre el tema de los estilos de liderazgo. Lo importante es identificar y definir qué estilo de liderazgo le ofrecerás al mundo. Antes del final de este capítulo, tu meta será escribir un bosquejo personal de tu filosofía de liderazgo basado en quien eres, tus fuertes y talentos, lo que valoras, y tu propósito y trabajo.

### Liderazgo de servicio

El experto en liderazgo de servicio es Robert Greenleaf. Él lo define como una persona que se enfoca principalmente en el crecimiento y bienestar de la gente y las comunidades en las cuales permanecen. Mientras el liderazgo tradicional generalmente se trata de la acumulación y uso de poder por alguien 'en la cúspide de la pirámide', el liderazgo de servicio es diferente. El líder-sirviente comparte el poder, se interesa por las necesidades de otros y ayuda en el desarrollo de la gente para que puedan realizar su pleno potencial[17].

### Liderazgo transformacional

El liderazgo transformacional es la habilidad de hacer que los otros invierten su engería en la estrategia de la organización con el fin de transformar el individuo y la empresa (Kouzes & Posner, 2007). James MacGregor Burns, el historiador, autor y ganador del Premio Pulitzer, lo define así:

---

[17] "...focuses primarily on the growth and well-being of people and the communities to which they belong. While traditional leadership generally involves the accumulation and exercise of power by one at the 'top of the pyramid,' servant leadership is different. The servant-leader shares power, puts the needs of others first, and helps people develop and perform as highly as possible" (Greenleaf, 2014).

*Levanten el uno al otro a un nivel más alto de motivación y moralidad. Sus*

*propósitos, que hubiera podido comenzar como algo separado pero relacionado, como*

*en el caso del liderazgo transaccional, se hacen conectados. [...] Pero al final*

*transformación del liderazgo llega a ser algo moral en el sentido de que levanta el*

*nivel del comportamiento humano y la aspiración ética del líder y de los seguidores, y*

*así tiene un efecto transformacional para los dos grupos*[18] (Kouzes & Posner, 2007, p. 122).

Los líderes transformacionales son visionarios, moviendo a la gente hacia las necesidades y los propósitos más universales (Bolman & Deal, 2008, p. 368).

## Liderazgo transaccional

El liderazgo transaccional es también conocido como el liderazgo administrativo. Hay metas y parámetros para realizarlas. Hay un sistema de recompensa para metas realizadas. Ejemplo: un sistema de bono para metas de ventas realizadas.

## Liderazgo participativo

Un líder participativo permite que los demás contribuyan al proceso decisorio. Esto permite que se compartan ideas y comentarios. No obstante, el líder tiene la última palabra[19]. Es decir que el liderazgo participativo funciona bien en grupos decisorios en los cuales los individuos son hábiles en el área de servicio del cual contribuyen ideas.

## Liderazgo autoritario

Este tipo de liderazgo también se llama liderazgo autocrático. El líder no comparte su poder ni su proceso de decidir. El líder crea la visión y fija los objetivos y lista de objetivos para cumplir, y los subordinados lo hacen todo para logar resultados exitosos. Este tipo de liderazgo funciona bien en un ambiente en el cual la administración depende del liderazgo para objetivos, recursos externos y/o apoyo de colegas (Yukl, 2007).

---

[18] "Raise one another to higher levels of motivation and morality. Their purposes, which might have started out as separate but related, as in the case of transactional leadership, become fused...But transforming leadership ultimately becomes moral in that it raises the level of human conduct and ethical aspiration of both the leader and the led, and thus it has a transforming effect on both" (Kouzes & Posner, 2007, p. 122).
[19] "A participative leader allows others to contribute to the decision-making process, allowing them to give their input and share their ideas. However, the leader ultimately has the final say" (Sprause, 2013, p. 1).

## Liderazgo auténtico

Los líderes auténticos valoran y enfatizan la consistencia de palabras, acciones, autoconciencia, confianza y valores (Yukl, 2007). La pasión de los líderes auténticos viene de experiencias personales previas.

Los valores esenciales de líderes auténticos les motivan a hacer lo correcto y justo para sus seguidores. También están motivados a créate una relación especial con dichos seguidores que incluye confianza mutua fuerte, transparencia (comunicación abierta y honesta), dirección hacia objetivos compartidos y un énfasis en el bienestar y desarrollo de los seguidores[20].

## Liderazgo carismático

El carisma se asocia más con los líderes que actúan de maneras poco convencionales para lograr su visión (Yukl, 2007, 264). Los líderes carismáticos no mantienen el estado actual. Ellos toman riesgos y comunican su visión con cierta confianza que conmueve a sus seguidores. Los líderes carismáticos son inspiradores y motivadores.

## ¿QUÉ CARACTERÍSTICAS O ATRIBUTOS SON LOS MÁS IMPORTANTES PARA TI COMO LÍDER?

Peter Drucker cree que la única definición de un líder es alguien que tiene seguidores[21]. John Maxwell enseña que el liderazgo es influencia, ni más ni menos[22]. Bill Gates dice que mientras miramos hacia el siguiente siglo, los líderes serán los que empoderan a los demás[23]. Y, Warren Bennis define el liderazgo como la capacidad de traducir la visión en realidad[24].

Independientemente de la manera en que definas el liderazgo, la gente necesita creer en sus líderes antes de que los sigan voluntariamente[25]. En sus investigaciones,

---

[20] "The core values of authentic leaders motivate them to do what is right and fair for followers and to create a special type of relationship with them that includes high mutual trust, transparency (open and honest communication), guidance toward worthy shared objectives, and emphasis on followers' welfare and development" (Yukl, 2007, p. 345).
[21] "The only definition of a leader is someone who has followers."
[22] "Leadership is influence...nothing less, nothing more."
[23] "As we look ahead into the next century, leaders will be those who empower others."
[24] "the capacity to translate vision into reality"
[25] "People have to believe in their leaders before they will willingly follow them" (Kouzes & Posner, 2011, p. 3)

Kouzes y Posner, concluyeron que los seguidores querían integridad de sus líderes más que nada.

Las conclusiones de su investigación fueron probadas en una encuesta de Facebook que tomé. La pregunta era: ¿Cuáles características o atributos crees que son los más importantes en un líder? Algunas de las respuestas comunes eran: *integridad, humildad, servidumbre, respeto, comunicación, visión, formador de equipos/jugador de equipo, optimismo, amor, compasión, fiabilidad, empoderar a otros, ser simpático, flexibilidad, ser comprensivo, paciencia, sabiduría, pasión, convicción, gracia y transparencia.*

El siguiente mensaje resumió esta encuesta:

Visión.

Orientación a la acción

Alguien que resuelve problemas de manear eficaz

Alguien que recompensa sinceramente los resultados que cumplen objetivos acordados previamente

Carácter (sin esto, lo de arriba realmente no importa)

-Christina Hyun

¿Cuáles características o atributos valoras como líder? Si yo enviara una encuesta a tu equipo, familia o amigos para pedirles una lista de características que muestras mientras lideras, ¿coincidirían sus repuestas con la manera en que tú te describes? ¿Tendrías suficiente coraje para darles la oportunidad de compartir sus pensamientos contigo?

En el libro *Credibility: How Leaders Gain and Lose it, Why People Demand it* (La credibilidad: cómo los líderes la ganan y la pierden, por qué se la exige), Kouzes y Posner dicen que los líderes ganan la credibilidad a través de la transparencia y la vulnerabilidad. Se construye una base sólida de confianza cuando un líder permite que la gente alrededor vea su vida y que dé comentarios honestos. Los líderes que ganan la confianza de su equipo promueven una comunidad colaborativa y permite que la gente actúe basada en una visión común.

# ¿CUÁL ES TU MOTIVACIÓN PARA SER LÍDER?

El carácter afecta la motivación. Se determinará tu motivación para ser líder por lo que valores. ¿Qué creencias posees que son duraderas – que tienen valor duradero para ti? Las investigaciones de Kouzes y Posner (2011) afirman que los valores organizacionales no importan si los valores del líder no están claros. Los valores te motivarán, darán fuerza a otros y te mantendrán en el camino de tus objetivos (Kouzes & Posner, 2007). John Maxwell enseña que el liderazgo es la influencia – nada más, nada menos. Si tu objetivo es tener más influencia, ¿por qué? ¿Qué piensas hacer con tu influencia? ¿Por qué quieres liderar a otros? (Hyatt, 2014, p. 1). La manera en que definas el éxito determinará la respuesta a por qué quieres liderar a otros. ¿Defines el éxito en términos de posición, título o los dólares en tu sueldo? O, ¿defines el éxito en términos de relaciones que propulsan la colaboración para un propósito común?

## ¿CÓMO DEFINES EL ÉXITO?

No hay nada malo con respecto a tu posición, título o cantidad de dólares en tu sueldo. Esas cosas son recompensas tangibles por tu éxito. No definen el éxito. Se define el éxito verdadero a través de la visión poderosa, apasionada y lleno de propósito del líder.

Este tipo de líder participa con una variedad de personas con diferentes trasfondos y habilidades para colaborar con un espíritu de comunidad y celebración para realizar una meta común. No solamente logra el éxito a través de la transparencia este líder, sino que también es exitoso por ver y conocer la gente con la cual esté trabajando.

Lograr lo que C.S. Lewis llama la humildad verdadera en su libro *Mere Christianity* es fundamental cuando estamos hablando del carácter, la credibilidad y el éxito.

*Si yo conociera a una persona realmente humilde, dice Lewis, nunca nos daríamos cuenta de que es humilde después de conocerla. Esta persona no diría nunca que fuera un don nadie (porque una persona que siempre dice que es un don nadie es en realidad una persona auto-obsesionada). La cosa que recordaríamos de conocer a una persona realmente humilde sería cuánto parecía que le interesara nosotros. Esto es porque la esencia de la humildad verdadera no es pensar menos de mí mismo, sino pensar menos en mí mismo*[26] (Keller, 2012, p. 273).

Puedo pensar en dos ejemplos de personas en mi vida que han ejemplificado la humildad verdadera que describe C.S. Lewis: mi primer pastor (quien también fue mi mentor de pasantía universitaria) y mi vecina.

Durante el último año de mi licenciatura en Liderazgo Ministerial, se requirió hacer una pasantía en una iglesia u organización sin fines de lucro de entre seis meses y un año. El pastor ejecutivo de nuestra iglesia ofreció ser mi mentor. Cada semana él apartó una hora de su tiempo para aconsejarme. Muchas veces esa hora se convirtió en dos mientras procesaba en voz alta las preguntas, ideas y dudas que tenía con respeto a los proyectos que hacía para la universidad y la iglesia.

Ni una sola vez vio su reloj mi pastor durante estas reuniones. Nunca mencionó otra reunión ni su horario ocupado. Si hubieras asistido a estas reuniones, te hubieras sentido que yo fuera la única tarea que tenía. Fue atento y diligente en entenderme y ayudarme encontrar mi camino en liderazgo. Si sabes algo de la descripción de un pastor ejecutivo, ser mentor para estudiantes universitarios no es, ni mucho menos, su única responsabilidad.

Mi vecina es una mujer que se pasa para tener relaciones con los demás. A través de realizar actos de bondad, como recoger mis basureros u ofrecer cuidar de mi gato cuando estamos de vacaciones, ella siempre muestra su interés por los demás. Si la paro cuando está saliendo de casa, ella nunca resiste pasar un pequeño rato conmigo para saber de mi vida.

A veces, nuestras conversaciones pueden durar 10 minutos, 15 minutos, o quizás 30 minutos, y se tratan de nuestros hijos y familia, la iglesia, nuestras vacaciones, pedidos de oraciones, etc. Como mi pastor, mi vecina es el tipo de persona que te hará sentir como si fueras la única persona del mundo que importaba en tal momento. Desaparece su agenda mientras la mía pasa a ser la prioridad. No sé tú, pero si estoy en mi automóvil en camino a algún lugar, la velocidad de mi salida deja marcas de neumáticos, no la conversación. Durante los doce años en que hemos sido vecinas, realmente no sé cuánto tiempo hemos

---

[26] "If we were to meet a truly humble person, Lewis says, we would never come away from meeting them thinking they were humble. They would not be always telling us they were a nobody (because a person who keeps saying they are a nobody is actually a self-obsessed person). The thing we would remember from meeting a truly gospel-humble person is how much they seemed to be totally interested in us. Because the essence of gospel-humility is not thinking less of myself, it is thinking of myself less."

pasado conversando en frente de nuestras casas. La habilidad de mi vecina para hacer sentir importante y valiosa a otra persona hasta cuando esté saliendo de casa es un auténtico regalo; un regalo auténtico de una persona realmente humilde.

## ¿QUÉ TAN COMPROMETIDO ESTÁS?

La palabra "comprometido" tiene varias definiciones: comprometido para casarse, ocupado, no disponible. Pero también puede significar que uno está muy involucrado e interesado en algo. ¿Qué definición describe tu estilo de liderazgo actualmente? (Si estás comprometido para casarte, celebrémoslo, pero favor de dejarlo fuera de tu definición de liderazgo).

**Contesta esta pregunta:** ¿Qué es más importante: la tarea o la persona? Antes que nada, necesitamos saber la verdad sobre quiénes somos y cómo lideramos para poder actuar con carácter, construir credibilidad y tener éxito a largo plazo. Mirarnos bien en el espejo puede ser lo más difícil, pero al final será sumamente gratificante.

# ACTIVIDAD DE ACCIÓN

*Uno debe conocerse. Si esto no sirve para descubrir la verdad,*
*por lo menos servirá como una regla de vida y no hay nada mejor[27].*
*-Blaise Pascal*

## EL PENSAMIENTO PIVOTE DE UN LÍDER

¿Qué te llamó la atención en este capítulo? ¿Cuáles palabras, frases u oraciones destacaste o encerraste en un círculo? ¿Qué tipo de recordatorio o apuntes escribiste en los márgenes de la página?

En las líneas abajo, escribe algunos pequeños cambios que te gustaría hacer que transformarán tu liderazgo para siempre.

_____

_____

_____

_____

_____

_____

_____

_____

_____

_____

## EL PENSAMIENTO PIVOTE DE UN LÍDER

Usa la plantilla abajo para guiarte y comienza a crear tu filosofía personal de liderazgo que expresará la verdad sobre ti como líder.

---

[27] "One must know oneself. If this does not serve to discover truth, it at least serves as a rule of life, and there is nothing better."

# MI FILOSOFÍA PERSONAL DE LIDERAZGO

_____

[Tu nombre]

_____

[El estilo de liderazgo que más te define]

_____
_____
_____

[Las tres características que más piensas que cada líder debería tener]

_____
_____
_____

[Lo que valoras más -- ¿Qué te quita el sueño?]

_____
_____

[Una oración de siete palabras que define el éxito personal]

*Una pista: Si necesitas ayuda, se puede encontrar una lista de palabras y frases de valor en Internet.*

## DECLARACIÓN DE CREENCIAS

Hay varias maneras de encontrar tu propia voz y conocerte. Escribir una declaración de creencias (como el ejemplo a continuación) puede ser otra manera de ayudarte a expresar y clarificar las cosas que son importantes para ti. Si eliges hacer esta actividad, ten en mente la siguiente pregunta: *¿Cuáles valores o creencias te impulsa a la acción?*

# Yo creo...

Yo creo... en ti, y también creo en mí.

Creo que aún el bien derrota al mal.

Creo que el heroísmo viene de actos de bondad espontáneos entre desconocidos.

Creo que la verdadera obligación de una persona es andar en su destino.

Creo que cuando uno se conoce a sí mismo y sus puntos fuertes, este tiene un potencial ilimitado para cambiar el mundo.

Creo en un amigo que derrumba las críticas y envuelve a toda humanidad en gracia y aceptación.

Creo que cada pasión viene con miedo, inseguridades y obstáculos – se eliminan solo con fe, determinación, colaboración y trabajo duro.

Creo en una vida...
De acción
Sin excusas
Con aventura
Sin rendirse nunca

Yo creo... en ti, y también creo en mí.

# CAPÍTULO DOS

## EL LÍDER QUE LA GENTE VE

*La autenticidad es el alineamiento de la cabeza, la boca, el corazón y los pies –*
*pensando, diciendo, sintiendo y haciendo lo mismo – consistentemente. Esto crea*
*confianza, y los seguidores aman los líderes en los cuales puedan confiar[28].*
-Lance Secretan

## ¿CÓMO TE VEN LAS PERSONAS QUE LIDERAS?

Si yo entrevistara a tus colegas, ¿qué dirían de ti? ¿Coincidiría su descripción con tu propia descripción de ti mismo?

Se ha enseñado a los profesionales no importar lo que piensan los demás. Si el liderazgo es la habilidad de influir en otros, entonces lo que piensan de ti es importante. La opinión que se tiene de tu liderazgo afecta la multitud de seguidores. El liderazgo existe en una relación y en la percepción de los partidos involucrados. Se siguen los líderes cuando inspiran y persuaden a otros de ir más allá del interés propio y de trabajar para el objetivo común (Bolman & Deal, 2008).

Hay tres cosas que determinan cómo se te ve: *tu actitud, tus creencias* y *tu enfoque.* Travis Bradberry y Jean Greaves, investigadores y autores de *Emotional Intelligence 2.0* [29], enfatizan que habilidades críticas, como actitud, creencia y enfoque son necesarios para ser un líder eficaz. Estas habilidades críticas no tienen que ver con el CI de una persona, sino la inteligencia emocional. La inteligencia emocional es la habilidad de reconocer y entender tus propias emociones y las emociones de los demás. La inteligencia emoción es también la habilidad de utilizar esta conciencia para manejar tu comportamiento y tus relaciones con

---

[28] "Authenticity is the alignment of head, mouth, heart, and feet - thinking, saying, feeling, and doing the same thing - consistently. This builds trust, and followers love leaders they can trust."
[29] Este libro está disponible en español también: *Inteligencia Emocional 2.0*

otros[30]. La inteligencia emocional es crítica para el liderazgo exitoso hasta contar para 58 porciento del empeño de todo tipo de trabajos. Es el factor de predicción más importante en el lugar de trabajo y también el mayor impulsor del liderazgo y la excelencia personal[31].

Los líderes con inteligencia emocional tienen una autoconciencia y una conciencia social con la habilidad de manejarse a sí mismo y también manejar las relaciones alrededores (Bradberry & Greaves, 2009). Una de las mayores perspicacias de Bradberry y Greaves afirma que los mejores líderes no necesariamente son los más inteligentes, sino que son los más conscientes. Permite que la gracia de una mayor conciencia sea tu estrategia para pivotear tu pensamiento y crear cambios mientras examines las habilidades críticas como *la actitud, la creencia* y *la concentración.*

## LA ACTITUD

*Se puede quitarle todo de un hombre salvo una cosa: la última de las*
*libertades humanas – la habilidad de escoger su actitud en*
*cualquier circunstancia, la habilidad de escoger su propio camino[32].*
-Viktor Frankl

## ¿ERES CAMALEÓN HUMANO?

Actitud: "Disposición de ánimo manifestada de algún modo" (Real Academia Española, 2015)[33].

Vuelve al primer capítulo, El Líder Adentro. ¿Combinan tus acciones con tus valores y atributos de carácter? Sin saberlo, podemos hacernos camaleones humanos – volviéndonos el color de los valores y atributos de carácter del grupo al que estemos sirviendo.

---

[30] "Emotional intelligence is your ability to recognize and understand emotions in yourself and others, and your ability to use this awareness to manage your behavior and relationships" (Bradberry & Greaves, 2009, p. 16).
[31] "EQ is so critical to successful leadership that it accounts for 58 percent of performance in all types of jobs. It's the single biggest predictor of performance in the workplace and the strongest driver of leadership and personal excellence" (Bradberry & Greaves, 2009, p. 20).
[32] "Everything can be taken from a man but one thing: the last of the human freedoms - to choose one's attitudes in any given set of circumstance, to choose one's own way."
[33] "Attitude: A settled way of thinking or feeling about someone or something, typically one that is reflected in a person's behavior" (OxfordDictionaries, 2014).

Todos hemos conocido a camaleones humanos. El hombre que sirve el almuerzo en la iglesia los domingos, pero lunes por la mañana está en un encuentro empresarial jugando golf y cada una de dos palabras es profana y habla de maneras en que uno puede evitar los impuestos el año que viene. O, la madre que pasa tiempo poniendo mensajes y citas en Facebook sobre la crianza positiva, pero llama tonto a su hijo cuando le cae algo en el supermercado.

Somos seres emotivos, y por eso todos nos hemos enfrentado con momentos en nuestras vidas en los cuales nuestras intenciones no coincidían con nuestras acciones. Desafortunadamente, esta contradicción crea caos, no solamente en nuestras vidas, sino también en relación con los demás. La gente no sigue a los camaleones; siguen a los en quienes puedan confiar. Se construye la confianza por el comportamiento consistente y positivo. Es la clave para la colaboración, la innovación, la visión y el éxito empresarial. Los líderes fracasan sin la confianza. Por eso, es imperativo que la gente que lideramos nos vean ser consistentes con respecto a nuestros valores y características. ¡Los Líderes Pivote crean su propio color de camaleón y mantienen tal color independientemente de su audiencia!

## ¿QUÉ PIENSAS SOBRE LA EDUACIÓN PERMANENTE?

Una actitud de competencia es necesaria para crear credibilidad con la gente que lideras. Los líderes influénciales son estudiantes permanentes, adquiriendo sus habilidades y conocimientos no solamente para su propia conciencia personal, sino también para los mayores objetivos de su organización. Piensa en tu vehículo.

Sin mantenimiento regular, tu auto se deteriorará y devaluarse más rápido que un vehículo que sea bien cuidado.

Recientemente estaba almorzando con un colega y por casualidad oí a algunas personas en la mesa al lado de nosotros hablar sobre su director general. Uno se burló de los 5,3 millones de dólares que ganaba cada año, y otro mencionó que él no suele estar preparado para las reuniones. Todos estaban de acuerdo que su asistente era más capaz de hacer su trabajo que él. Dijeron que era muy pero muy egoísta.

Es una historia muy triste, pero tampoco es inusual. Muchos líderes logran su nivel de estatus y dinero deseado y después se encuentran demasiados cómodos en sus oficinas y con sus títulos de ejecutivo. Dejan de crear, innovar y participar con los demás con respecto a la visión de su organización. A esto lo llamo el "Síndrome del Altiplano". Cambian la competencia por el orgullo. El líder quien sucumbe al síndrome del altiplano asume que ha pasado el punto de esas responsabilidades y cree que ya es ahora para descansar, relajarse y disfrutar el sillón del ejecutivo.

Como Líder Pivote, tu objetivo será aumentar tu base de conocimiento y tus habilidades, y esto aumentará tu valor para tu organización y también ganará el respeto de la gente que lideras.

## ¿REBOTAS COMO UN CABLE ELÁSTICO?

Los líderes pivote saben el arte de recuperarse. Los líderes con legado ven en el fracaso una oportunidad de innovación. Tienen una actitud de resiliencia cuando se enfrentan a obstáculos, admiten sus errores rápidamente y se recuperan como un cable elástico rebota cuando fracasan.

Una de mis historias de errores favoritas es la de Leonardo da Vinci, hombre de las artes, la ingeniería, la invención, la anatomía, la arquitectura y hasta la gastronomía. Siendo hombre del Renacimiento, el duque de Milán, Ludovico Sforza le pidió ser el jefe de cocina para un evento que sirviera a dos cientos invitados. Al estilo normal de Leonardo da Vinci, él decidió que cada comida hubiera sido creada como una pequeña obra de arte. Para realizar su plan, Leonardo construyó un horno de gran capacidad, una cinta transportadora para mover los platos por la cocina, y también instaló un sistema de rociadores por si hubiera un incendio (Gelb, 1998). Con todas estas preparaciones, ¿qué podría salir mal?

El primer obstáculo al cual se enfrentó Leonardo fue el personal de cocina. Tenían una buena mentalidad, pero no tenían la capacidad para crear las esculturas miniaturas que tenía en mente Leonardo. Para resolver el problema, Leonardo mostró sus habilidades de autogestión y flexibilidad a través de llamar a uno de sus mejores amigos artistas para ayudar a crear estas obras de arte de comida. Desafortunadamente, con cientos de personas intentando trabajar en un espacio pequeño de la cocina, se rompió la cinta transportadora y hubo un incendio. La única invención que funcionó fueron los rociadores. Lamentablemente, los rociadores funcionaron tan bien que limpiaron y llevaron toda la comida en un río de agua (Gelb, 1998).

El fracaso nunca detuvo a Leonardo. De hecho, lo propulsó. En el libro *How to Think Like Leonardo da Vinci*, Michael Gelb (1998) dice que, a través de su vida, da Vinci se refería a sí mismo como *uomo senza lettere* (hombre sin letras) y *discepolo della esperienza* (discípulo de la experiencia)[34] (p. 78). Para Leonardo, lo importante no era el cociente intelectual, sino que lo importante era aprender a través de la experiencia. Una de mis citas favoritas de los cuadernos Leonardo dijo *los obstáculos no me impedirá*[35].

Dispuesto a poner a prueba su conocimiento a través de la experiencia, Leonardo aprendió de sus errores y le dio al mundo el regalo de arte, invención, ciencia, salud y liderazgo verdadero. Piensa como Leonardo da Vinci y rebota como un cable elástico.

## ¿PREFIERES LA AMBIGÜEDAD O EL CONTROL?

Los líderes que conducen con la autogestión y la gestión de relaciones con otros tienen la capacidad para prosperar en la ambigüedad. La capacidad para prosperar en la ambigüedad tiene que llegar a ser parte de nuestras vidas cotidianas. La estabilidad ante la paradoja es una clave no solamente para la eficacia, pero también para mantener la sanidad mental en un mundo que siempre está cambiando[36] (Gelb, 1998, p. 150). Andy Stanley (2003) dice que el líder de la próxima generación tendrá que estar claro, aunque no esté seguro[37] (p. 11). A nadie le gusta la sensación de estar fuera de control, pero el rol del líder es crear calma y claridad durante situaciones inseguras.

Una razón por la cual una persona se gana el título de líder es porque esta persona acciona primero cuando los demás no lo harán. La clave para liderar durante tiempos inciertos será tu actitud de confianza y coraje de tus propios sistemas de creencia.

---

[34] "Throughout his life he proudly referred to himself as uomo senza lettere ('man without letters') and discepolo della esperienza ('disciple of experience')."
[35] "Obstacles will not bend me."
[36] The ability to thrive with ambiguity must become part of our everyday lives. Poise in the face of paradox is a key not only to effectiveness, but to sanity in a rapidly changing world."
[37] "The next generation leader must be clear even when he is not certain."

# LA CREENCIA

*La confianza y la confianza en uno mismo y sus habilidades son el secreto del éxito. Y, la experiencia del éxito es una clave para construir la confianza[38].*

-Michael Gelb

El mago Michael Carbonaro tiene un efecto en la gente. En su programa de televisión con cámara escondida, lo encontrarás hacer creer lo imposible a la gente a través de sus trucos de magia y jugarretas prácticas. Por ejemplo, fingiendo ser barman, hizo tostaditas de maíz de granos de maíz a través de ponerlos en una bolsa de papel y agitar la bolsa hasta que los granos se convirtieran en tostaditas. Michael dice que una de las cosas que amo sobre este programa es que la gente está dispuesta a creer en locuras, incluso si rompo leyes de la física. ¡La gente está dispuesta a aceptarlo siempre y cuando yo lo crea también[39] (Annussek, 2014)!

Michael Carbonaro puede convencer a casi cualquier persona de cambiar de opinión. Su arma es la creencia. Michael cree en su capacidad como mago y bromista, y puede visualizar el resultado de su obra. Como Michael, los líderes de cambio tienen una creencia tan fuerte en su capacidad para liderar y en la visión de la organización que pueden ver más allá de los momentos inciertos y más allá de los obstáculos, hacia el futuro. La creencia es lo que moviliza la visión. De ahí los puntos fuertes y talentos del equipo realizarán la misión de la organización.

La confianza es necesaria para ser un líder de alta capacidad – confianza en tu mismo, en los que trabajan contigo, y en la visión de tu organización Los líderes con un alto nivel de autoconfianza son más dispuestos a tomar riesgos, a desafiarse y a hacer tareas difíciles porque han alineado sus metas con sus valores (Yukl, 2007). Además, los líderes con alto nivel de autoconfianza creen en y cumplen con éxito con la construcción de redes de influencia para lograr sus metas (Yukl, 2007). Creer en tu mismo, tu equipo y en la misión y

---

[38] "Confidence, trust in oneself and one's abilities, is the secret of success, and the experience of success is a key to building confidence."

[39] One of the things I love about this show is that people are willing to believe in the craziest stuff...even if I break the laws of physics. People are willing to go with it as long as I believe it, too."

visión de tu organización creará confianza y compromiso en tus colegas y también creará energía para perseguir tu propósito.

## LA CONCENTRACIÓN

*Una de mis mantras ha sido: concentración y simplicidad*[40].

-Steve Jobs

Los líderes exitosos se mantienen concentrados en sus tareas.

HISTORIA DE UN PILOTO –

*Un piloto te dirá que los momentos de vuelo que requieren la mayor concentración son el despegue, en pleno vuelo y el aterrizaje. Todos los detalles del despegue requieren atención al detalle: el equipo de vuelo, controles de seguridad y asegurando que la tripulación de cabina sea educada y que los pasajeros estén cómodos en sus asientos.*

*En pleno vuelo, el radar está débil y por eso es uno de los momentos más importantes para prestar atención y concentrarse en mantener el avión en marcha y no desviarlo. El aterrizaje es algo técnico y suele suceder durante mal tiempo. Para circunnavegar los obstáculos de mal tiempo, los pilotos navegan por una vía enviada por el personal de tierra. El aterrizaje es metódico y ya está todo planeado antes de que despegue el avión.*

*¿Qué sucede si un piloto desvía la Mirada del radar (brújula)? Se desviará de su camino. La distancia que desvía el avión aumenta con cada distracción de la atención del piloto. Volando a alta velocidad, con cada momento de desconocimiento por parte del piloto, el avión podría entrar en territorio peligroso. El trabajo del piloto es seguir el mapa creado por señales de radio, yendo desde el punto de origen hasta el destino. El enfoque constante en la meta y el destino es imperativo para el éxito del vuelo.*

Los líderes, como pilotos, deben prestar atención al radar. Debemos enfocarnos y mantener la organización en marcha. Es la responsabilidad del líder estar preparado cuando lanza planes nuevos, ser fuerte cuando sus colegas están estresados y ocupados por los objetivos y metas, y ser tener cuidado de no desviarse por detalles poco importantes.

---

[40] "That has been one of my mantras – Focus and simplicity."

Mientras un proyecto se aterriza, el líder debe preparar a sus colegas para mal tiempo (obstáculos) y guiarlos a un aterrizaje seguro y exitoso.

Finalmente, los líderes eficaces se centran más en el "quién" que en el "cómo". La habilidad de una persona para liderar estará conectada directamente a las relaciones que promueven y las redes que construyan. Estos líderes evalúan continuamente las organizaciones para ver a quiénes puedan dar fuerza o con quiénes puedan colaborar para realizar un conjunto de estrategias de la organización. Los líderes enfocados están comprometidos a la coordinación y a los esfuerzos cooperativos de los equipos, lo que creará los cambios pertinentes y sustanciales que son necesarios para lograr los objetivos de la organización.

Deja que el enfoque sea el radar que necesitas para volar desde el despegue hasta el aterrizaje sin chocarte. Y recuerda, ¡fuiste hecho para volar!

# ACTIVIDAD DE ACCIÓN

*La acción es el carácter*[41].

-F. Scott Fitzgerald

## EL PENSAMIENTO PIVOTE DEL LÍDER

¿Qué sobresalió en este capítulo? ¿Cuáles palabras, frases u oraciones destacaste o encerraste en un círculo? ¿Qué tipo de recordatorio o apuntes escribiste en los márgenes de la página?

En las líneas abajo, escribe algunos pequeños cambios que te gustaría hacer que transformarán tu liderazgo hoy mismo.

_____

_____

_____

_____

_____

_____

_____

_____

_____

_____

## EL LÍDER QUE LA GENTE VE – JOHARI WINDOW

Usa la Johari Window como instrumento para fortalecer la conciencia en tu mismo y también para la formación de equipo. Lo recomiendo para cualquier reunión de equipo. Las instrucciones y un video interactivo están disponibles aquí[42]:

https://www.mindtools.com/CommSkll/JohariWindow.htm

---

[41] "Action is character."
[42] Sitio web en inglés

## Instrucciones básicas

Pide que tus colegas completen este ejercicio para ti. Sus respuestas te ayudarán a aprender más sobre tu mismo a través del punto de vista de los demás mientras fortalecen confianza y comunicación entre sí.

Pide que tus colegas borren todas menos 5 a 7 de las palabras a continuación, dejando solamente las palabras que te describen mejor. Invítales a pedir lo mismo de ti si ellos también quieren hacer una Johari Window. Disfruta el proceso y oportunidad para desarrollo humano.

Absurdo

Acogedor

Adaptable

Agradable

Agresivo

Agudo

Alegre

Amable

Ambivalente

Amoroso

Asertivo

Audaz

Cariñoso

Cohibido

Complejo

Confiable

Digno

Energético

Espontáneo

Extrovertido

Feliz

Fiable

Generoso

Hábil

Idealista

Incisivo

Independiente

Informado

Ingenioso

Inteligente

Introvertido

Listo

Lógico

Maduro

Modesto

Nervioso

Observante

Optimista

Organizado

Paciente

Poderoso

Provechoso

Reflexivo

Relajado

Religioso

Responsivo

Sabio

Seguro

Sensato

Sentimental

Simpático

Simpático

Soberbio

Tenso

Tímido

Tolerante

Tranquilo

# EL LÍDER QUE LA GENTE VE – TEST DE EVALUACION DE LA INTELIGENCIA EMOCIONAL 2.0

La inteligencia emocional es la habilidad de reconocer y entender tus propias emociones y las emociones de los demás. La inteligencia emoción es también la habilidad de utilizar esta conciencia para manejar tu comportamiento y tus relaciones con otros (Bradberry & Greaves)[43].

El libro *Emotional Intelligence 2.0* es una herramienta útil para ayudarte a estar consciente de cómo los demás te ven. Te recomiendo comprar este libro en formato impreso o para dispositivos móviles. Antes de leerlo, haz el Test de Evaluación de la Inteligencia Emocional (Emotional Intelligence Appraisal)[44]. Esta evaluación mejorará tu viaje de IE (inteligencia emocional) y también te dará habilidades críticas que son necesarias para transformar tu liderazgo de algo bueno en algo espectacular. Se necesitas más motivación para hacerlo, aquí tienes un hecho útil: ¡La gente que tiene un nivel alto de IE ganar $29,000 más anualmente que la gente que tiene un nivel bajo de IE (Bradberry & Greaves, 2009)!

---

[43] "Emotional intelligence is your ability to recognize and understand emotions in yourself and others, and your ability to use this awareness to manage your behavior and relationships." (Bradberry & Greaves, 2009, p. 16)

[44] Test en inglés: http://www.talentsmart.com/test/, Test en español: http://www.talentsmart.com/test/

# CAPÍTULO TRES

## EL ARTE DE LA INACCESIBILIDAD

*Si persigues dos conejos, los dos escaparán*[45].

-Anónimo

No hay duda que los líderes están orientados a la acción. Nos dedicamos a la misión y el propósito de nuestras vidas y organizaciones. Los líderes realizan sus tareas. Secretamente o no, nos esforzamos por tenerlo todo: un equilibrio entre profesión, familia, amigos, propósitos y diversión. Algunos nos podrán llamar adictos al trabajo. Yo digo que los líderes son apasionados, inspirados y motivados. Si queremos continuar a ser líderes apasionados y comprometidos, aprenderemos el arte de inaccesibilidad.

## ¿QUÉ TAN ACESSIBLE ERES?

Hay una diferencia entre alguien quien es accesible y comunica bien, y alguien cuya falta de límites personales eventualmente será un detrimento para él, su organización y su familia. Cuando somos jóvenes empresarios, nuestra meta es tomar cada oportunidad que pondrá nuestro nombre en la ventana de una oficina. Mientras nos maduramos, si tomamos cada oportunidad posible, esto pondrá nuestro nombre en una tumba prematura.

Hay algo atractivo y misterioso en la gente inaccesible. Mira atrás y piensa en los momentos cuando comenzabas a salir en citas. ¿Con qué tipo de persona querías salir? ¿La persona que siempre estaba disponible o la que parecía inalcanzable? Puede que la persona accesible se hiciera tu mejor amigo, pero la persona inaccesible era con la que realmente querías estar. Sencillamente, la gente con límites es más atractiva para sus seguidores. Los límites son esenciales para el liderazgo. Los límites sostienen y también inspiran.

---

[45] "If you chase two rabbits, both will escape."

Tony Blair, el ex Primer Ministro de Gran Bretaña e Irlanda del Norte, dijo que el arte de liderazgo no tiene que ver con decir sí, sino que no[46]. La palabra "sí" puede ser peligrosa por muchas razones. Siempre estar disponible para las necesidades de otros y cometerse en exceso puede ser peligroso para nuestras mentes, nuestros cuerpos, nuestras almas y también nuestras familias. A través de múltiples estudios, el American Institute of Stress (Instituto Americano del Estrés) dice que las exigencias del trabajo es la mayor causa de estrés y desequilibrio entre la vida laboral y personal. Esto podrá provocar enfermedades, depresión, ansiedad, pérdida de sueño y caída de productividad y propósito (AIS 2014). Jesús enseñó: "¿De qué sirve ganar el mundo entero si se pierde la vida? ¿O qué se puede dar a cambio de la vida?" (Mateo 16:26, NVI). Vivir una existencia de "sí" sin límites puede hacer daño a nuestros cuerpos, mentes y almas.

Esto no debería sorprenderte. Como líder, eres educado. Sabes las leyes físicas. La segunda ley de Newton, o Ley Fundamental de la Dinámica: El cambio de movimiento es proporciona a la fuerza motriz impresa, o $F = m \cdot a$. (Si odias las matemáticas como yo, aguanta por favor, porque esto encontrarás interesante). La segunda ley enseña que objetos más pesados requieren más fuerza. Si tu calendario está pesado, o sea está lleno de proyectos masivos, reuniones y compromisos, necesitarás una fuerza exponencial para poder crear una aceleración lo suficiente como para realizar todos estos objetivos. ¿Cuáles son las probabilidades de éxito? No hay. Eres humano. Te cansarás de todo el esfuerzo necesario para empujar un volumen masivo de cosas rápidamente 24 horas al día, 365 días al año. Este cansancio eventualmente causa y revela una lista de características y adjetivos de los cuales ningún líder quiere llamarse. La clave para pivotar tu liderazgo desde pequeño a grande comienza con aprender el arte de la inaccesibilidad. Aquí hay cuatro pasos para tomar:

---

[46] "The art of leadership is not saying yes; it is saying no."

## Paso 1: La simplificación
## (Cuidar de la mente)

*La simplificad es la máxima sofisticación*[47].

-Leonardo da Vinci

Cuando simplificamos algo, estamos cuidando de nuestras mentes. La mente clara puede dar lugar a la creatividad y visión, la salud y también la productividad. Piensa en dónde estás cuando obtienes tus mejores ideas. ¿Estás en un lugar caótico, o en un lugar tranquilo y de retiro? Shunryu Suzuki dijo que si tu mente está vacía, está lista para cualquier cosa; está abierto a todo[48].

Una mente clara que puede saltar a la acción es también una mente que estará alerta a las necesidades del alma. Es un alma que busca dar sentido, pero no busca la perfección. Palmer Parker dice que cuando nos honramos dando espacio, recordamos los sueños de nuestra juventud que se perdían mientras alcanzábamos la edad adulta. El espacio te recordará que las alertas por teléfono no miden tu existencia. Y no se responde la pregunta "¿quién soy yo?" a través de la cantidad de correos electrónicos que recibas. Tener márgenes en la vida ayuda a borrar las voces externas y dejar atrás el líder que ha caído en las trampas de ego, expectativa, imagen o rol[49], y permite que dicha persona recuerde y honre su verdadero ser (Palmer, 2007, p. 114).

Una mente clara también honra el cuerpo por eliminar el estrés. Estar agobiado por los detalles y los horarios es estresante y causa daño al cuerpo. Aunque estar ocupado y el perfeccionismo es algo laudado en nuestro mundo, el estrés que sentimos está causando enfermedades en nuestros cuerpos.

Durante mis investigaciones para conseguir estadísticas sobre cómo el estrés afecta el cuerpo, lo siguiente me llamó la atención: El estrés puede provocar síntomas como acné, aumento de peso, úlceras, cáncer, presión arterial alta, caída de pelo, urticaria, cabello gris, depresión, insomnio, ansiedad e infartos. Esta lista ni siquiera menciona lo que el estrés afecta fuera de tu cuerpo. Por ejemplo, el estrés puede provocar problemas familiares y matrimoniales, y también puede afectar nuestras habilidades para tomar decisiones. No en

---

[47] "Simplicity is the ultimate sophistication."
[48] "If your mind is empty, it is always ready for anything; it is open to everything."
[49] "ego or expectation or image or role"

balde el símbolo para "ocupado" en el idioma chino es compuesto de dos caracteres: un corazón y un símbolo de matanza (Muller, 1999).

Con respecto a los efectos negativos que el estrés tiene sobre el cuerpo, ¿qué es lo que más te da miedo? Personalmente, no me gusta la caída de pelo ni acné que ocurren después de la edad media. Pero, lo que realmente me dan miedo son el cáncer y el divorcio.

Estarás feliz de escuchar que la solución para simplificar tu vida no es tan difícil como creas. Requiere la disciplina y necesitas practicar, pero los principios de la simplicidad que quiero compartir contigo son realmente s-i-m-p-l-e-s. Noticias todavía mejores: los estudios científicos nos informan que una persona es productiva solamente cuatro horas al día (Frazee, 2003).

Leonardo da Vinci, uno de los hombres más productivos que ha vivido nunca está de acuerdo. Él dijo que los mejores genios a veces logran más cuando trabajan menos[50]. Efectivamente, ¡puedes comenzar a hacer planes para tus vacaciones ahora mismo! Deja que estas palabras se convierten en tu mantra mientras aprendes el arte de la simplicidad: estar ocupado no significa productividad.

En los años 1920, solo había un líder quien mostró que estar ocupado no necesariamente resulta en la productividad. Sus investigaciones y la aplicación de lo que aprendió transformó la estructura de la semana laboral en los Estados Unidos. Este ejecutivo cambió las horas de trabajo de sus empleados de una semana laboral de seis días por una de cinco días:

> Sabemos por la experiencia de haber cambiado la semana laboral de seis días laborales por un horario de cinco días, y de vuelta a seis días, que podemos conseguir la misma cantidad de producción en cinco días que en seis. [...] Así como el día laboral de ocho horas abrió paso al camino de prosperidad, la semana laboral de cinco días nos guiará hacia más prosperidad aún[51].

Creo que este hombre sabe algo de la productividad, porque era Henry Ford.

La edad digital nos ha cegado para el conocimiento que estar ocupado no significa ser productivo. Aunque la tecnología ha transformado nuestro lugar de trabajo en muchas

---

[50] "The greatest geniuses sometimes accomplish more when they work less."

[51] We know from our experience in changing from six to five days and back again that we can get at least as great production in five days as we can in six," he said. "Just as the eight-hour day opened our way to prosperity, so the five-day week will open our way to a still greater prosperity."

formas positivas (como la capacidad para conectar con otros mundialmente cuando queramos, día o noche), esto también ha tenido algunas implicaciones negativas.

En una encuesta en línea reciente, se les preguntaron a cien líderes sobre la tecnología y cómo afecta sus vidas. Los resultados más reveladores salieron en la sección de preguntas abiertas donde se pidió explicar cómo la tecnología les había afectado. De las 82 personas que respondieron, 52 (o el 70%) dijeron que la tecnología ha tenido un efecto negativo porque ahora el día laboral es más largo y el nivel de estrés ha aumentado (Backes, 2014). Creo que cada líder se ha sentido la tensión causada por la tecnología por lo menos una vez. A continuación, hay cuatro pasos para ayudar con la simplicidad en tu vida y para crear límites saludables.

**Cuatro pasos que recomiendo para simplificar tu vida:**
1. Evalúa tu calendario.
2. Evalúa tu motivación.
3. Planifica lo inesperado.
4. Escoge lo que es esencial.

*Getting Things Done: The Art of Stress-Free Productivity* de David Allen ha sido mi guía para aprender cómo simplificar la vida. El propósito del libro es entrenar a líderes en las áreas de la organización personal y la producción. El autor lo realiza a través de enseñar al lector cómo manejar sus asuntos y liberar sus mentes de preocupaciones no necesarias para que puedan enfocarse en la misión y la visión de su organización (Allen 2001).

Una de las herramientas más valiosas que aprendí de David Allen (2001) es el poder de la **evaluación semanal**. Aquí están los pasos que sigo para hacer la evaluación semanal:
1. Escoge un día para revisar la semana que viene (Yo hago mi evaluación semanal los sábados porque intento hacer que el domingo sea un día sin tecnología).
2. Recoge toda la información para analizar tu calendario de la semana que viene. Limpia tu mente y las notas adhesivas, los recordatorios de eventos de calendario, etc. y ponlos en un solo lugar.
3. Escoge tu estilo de calendario. Yo utilizo dos calendarios; uno en Outlook y uno en papel. Durante mi evaluación semanal, yo ESCRIBO todo a que me haya comprometido y también todas las ideas que tenga. Algunos podrían decir que esto

es anticuado, pero el acto de escribir la información es un paso importante para liberar mi mente, y también me da más oportunidad para ser creativa y activamente presente con la gente.

4. Verifica si hay conflictos. Escribo las obligaciones y compromisos de mi familia durante mi evaluación semanal para que pueda evitar conflictos de horario.

5. Mira hacia Adelante a las semanas que vienen para evaluar tu gestión de tiempo.

**Mientras haces la evaluación seminal, pregúntate las siguientes cosas:**

*1. ¿Combinan las cosas en mi calendario con mis misiones personales, familiares y organizacionales?*

*2. ¿Cuál es mi motivación para cometerme a las cosas en mi calendario?*

*3. ¿He dejado suficiente espacio en mi calendario para lo inesperado?*

*4. ¿Hay alguien más quien necesito involucrar en este proceso decisorio?*

El primer paso hacia la simplificación es conocer tu calendario. Frecuentemente los líderes tienen asistentes que conciertan citas para ellos. Si esto eres tú, es importante que tu asistente y tú comuniquen bien sobre la visión y la misión con respecto a tu calendario. Las cosas que estén en tu calendario deberían correlacionar directamente con tus metas personales, organizacionales y relacionales. Si no es así, deja de comprometerte a esa cosa.

Entender las motivaciones detrás de tus compromisos es la clave para tu futuro. Cuando examino mi calendario y el de mi familia, me recuerda penosamente de cuántos de mis compromisos son impulsados por dos motivos: el optimismo de tiempo y el miedo.

En un estudio hecho en 2005 por el American Psychological Association (Asociación Psicológica Americana), las investigaciones mostraron que nos comprometimos demasiado porque somos optimistas con respecto al tiempo (optimistas de tiempo) (APA, 2005). Efectivamente, creemos que mañana tendremos más tiempo que tenemos hoy. Yo también me comprometo demasiado por causa del miedo al fracaso y del miedo de decepcionar a otras personas. Cuando examines tu calendario, pregúntate cuáles motivaciones hay detrás de estas citas que parecen inocentes. Ya es hora para ser sincero contigo mismo. Preguntarme "¿qué me motiva?" ha sido una de las mejores cosas que haya podido hacer para mí misma, mi calendario y también para mi familia y las personas a quienes sirvo y lidero.

Un cliente para quien soy mentora personal me hizo una muy buena pregunta: ¿Cómo debería planificar lo inesperado si no me lo espero? La respuesta es incómoda, pero pasará a ser tu arma secreta para reducir el estrés y subir la productividad. Planificar lo inesperado requiere que dediques tiempo en tu calendario sin compromisos. Puede que tengas que mirar hacia semanas futuras para encontrar algún espacio para dedicar a lo inesperado, pero te prometo que esta estrategia te ayudará en maneras que no te puedes imaginar.

Hoy, por ejemplo, sucedió algo inesperado, y se interrumpió mi día laboral cuatro veces. Mi hijo tuvo que tomar un examen después de la escuela, lo que significaba que necesitaba que lo recogiera en vez de tomar el bus. Recibí dos llamadas por teléfono de líderes quienes necesitaban reunirse conmigo inmediatamente para discutir algunos eventos y cambios de liderazgo. Y finalmente, cuando pasé por la casa de un vecino de mayor edad, era obvio que necesitaba ayuda en su jardín. Entonces, fui allí con mis hijos para que pudieran trabajar en su jardín. Estos cuatro eventos inesperados agregaron dos horas a mi día. ¿Fueron algo negativo estos eventos? No; cada una de estas interrupciones tenían valor y significado. El problema era que yo solo había dedicado una hora para eventos inesperados, que aumentó mi nivel de ansiedad con respecto a la compleción de mis proyectos a tiempo. Dado que las horas no crecen en los árboles, tendré que ajustar mi horario de otro día para trabajar en el proyecto que tenía planeado en ese plazo de tiempo, mientras también dedicando tiempo para lo inesperado, por supuesto. Piensa en tu día. ¿Cuántas veces serás interrumpido por lo inesperado?

Finalmente, imagina las partes más esenciales de tu calendario de una manera holística. Revisa tu calendario y verifica si refleja tus prioridades. Afuera del trabajo, ¿tienes tiempo dedicado a tu familia? ¿Dónde has dedicado tiempo para medidas de cuidados personales como el ejercicio, la solitud o las aficiones? ¿Eres miembro de una iglesia u otra organización a la cual estás comprometido a asistir? Respetar lo que es esencial te guiará a una vida exitosa.

## Paso 2: Rellenar-Restaurar-Recordar
## (Cuidar del alma)

*Tenemos que echarle aceite para mantener la lámpara encendida[52].*

-Teresa de Calcuta

Los líderes suelen agarrar el estado ocupado como un arma protectora. Sin tiempo para rellenar y restaurar nuestras almas, la búsqueda de la perfección, posición y aprobación marcará nuestra cara de liderazgo y esconderá nuestra identidad verdadera. Nuestra intención es trabajar bien y guiar nuestra organización hacia el éxito con propósito, pero esto puede desviarse por causa del lado oscuro de la naturaleza humana. En su libro bestseller, *Leaving Church*, Barbara Brown Taylor describe el lado oscuro de su liderazgo: Detrás de la imagen heroica de mí misma yo vi la perfección pesada, un resentimiento de las personas que no trabajaban tan duro como yo y el fuerte deseo de obtener la aprobación. Yo vi las caras indulgentes de mi familia, dejada atrás cada día festivo por los últimos quince años, mientras conducía servicios para otras personas y sus familias[53] (Taylor, 2006, p. 102).

A veces lo que está escondido en nuestras almas es tan feo como la cosa desconocido que ha estado en la parte de atrás del refrigerador por cinco meses. El alma desatendida del líder resulta en la retirada, el letargo, la frustración, la culpabilidad, la inseguridad y la pérdida de visión. El poema corto a continuación de R.D. Lang demuestra la esencia de nuestra lucha con el alma desatendida:

---

[52] "To keep a lamp burning, we must put oil in it."
[53] "Behind my heroic image of myself I saw my tiresome perfectionism, my resentment of those who did not try as hard as I did, and my huge appetite for approval. I saw the forgiving faces of my family, left behind every holiday for the last fifteen years, while I went to conduct services for other people and their families."

*El alcance de lo que hacemos y pensamos*

*Se limita por lo que no logramos notar*

*Y por eso no logramos ver*

*Que hay poco que podamos hacer*

*Para cambiar hasta que nos demos cuenta*

*De cómo no lograr notar*

*Forma nuestros pensamientos y acciones*[54]

Los líderes necesitan tiempo para desconectarse. Independientemente de cómo quieras llamarlo (retiro, naturaleza o desierto, soledad, meditación, etc.), los líderes necesitan parar para poder acelerar más tarde. Si eres piloto de NASCAR, entenderás muy bien este principio. Un piloto no gana solamente por su velocidad. Gana por causa de los momentos estratégicos (los pit stop) para sustituir los neumáticos, repostar e inspeccionar para problemas mecánicos. Hasta a veces se cambia de piloto durante los pit stop. El acto de desconectarte de tus compromisos crea un espacio para recuperarte y examinar algunas áreas de tu vida que necesiten ajustes y reparaciones.

En su libro *Sabbath: Finding Rest, Renewal, and Delight in Our Busy Lives*, Wayne Muller dice que la falta de inactividad puede causar confusión y erosión en la fuerza de vida. Como un camino por el bosque, el Sábado crea un marcador para ayudar a orientarnos a nuestro centro cuando nos desviamos[55] (Muller, 1999, p. 6-7). Tiempo en la naturaleza permite que nuestro espacio del alma se reponga y también provee un lugar para recordarnos de quiénes somos que por qué estamos aquí.

El concepto del retiro es atractivo para muchas personas, pero la realidad es algo incómodo. Me acuerdo de mi primera experiencia con el silencio y la soledad en un retiro espiritual al cual asistí hace algunos años. La primera parte del retrato me encontró en un lugar donde me sentía incómoda. La instructora dio una clase sobre los beneficios del silencio y la soledad mientras nosotros, los estudiantes, acordamos por unanimidad que esto era lo que queríamos, necesitábamos y también que era la razón por la cual nos inscribimos en la clase. Pero de repente eso sucedió: la invitación al silencio. La instructora nos dio

---

[54] "The range of what we think and do / Is limited by what we fail to notice / And because we fail to notice / There is little we can do / To change Until we notice / How failing to notice / Shapes our thoughts and deeds"
[55] "A lack of dormancy produces confusion and erosion in the life force. Like a path through the forest, Sabbath creates a marker for ourselves so, if we are lost, we can find our way back to our center" (Muller, 1999, pp. 6-7).

instrucciones para sentarnos silenciosamente por 15 minutos. El pánico en mi cara habrá sido lo suficiente como para sentir compasión por nosotros y darnos la opción de dar un paseo por la propiedad del retrato o leer las Escrituras. Tengo que confesar. Mis primeros quince minutos de silencio y soledad fueron un fracaso. No pude resistir la urgencia imparable de cumplir con algún objetivo. Fue totalmente incómodo. Pero desde entonces he tenido muchas más oportunidades para aprender cómo practicar el silencio y la soledad, y esto me ha llevado a desear lugares donde mi alma pueda respirar.

Como he aprendido, la práctica del silencio y la soledad tiene muchos beneficios a los cuales te hará adicto. La soledad ayuda el alma a recordar que la vida y el trabajo tienen dos significados totalmente diferentes. Nos recuerda que fuimos creados para la grandeza con respecto a las relaciones con otras personas, no las listas de tareas y las hojas de cálculo. El silencio nos lleva a nuestro propósito y provoca creatividad y visión. En un lugar de quietud es donde encontrarás lo que los entrenadores de profesionales Jim Loehr y Tony Schwartz llaman la "energía espiritual" (Loehr & Schwartz, 2005, p. 110). No definen la energía espiritual en términos religiosos, sino que en términos más sencillos: la conexión a un conjunto de convicciones profundas y a un propósito que va más allá de nuestro interés propio[56] (Loehr & Schwartz, 2005, p. 110). Crear un espacio para desconectarte te recompensará con un corazón de gratitud y también un momento para recordar por qué estás vivo.

## Paso 3: El descanso, la dieta y el ejercicio (Cuidar del cuerpo)

*El autocuidado no es un acto egoísta. Simplemente es una buena administración del único don que poseo y la razón por la cual estoy en la tierra para ofrecer a los demás. Cualquier momento que podamos escuchar a nuestro verdadero ser y darle el cuidado que requiere, no solo lo hacemos por nuestros mismos, sino también para los muchos más que sean parte de nuestras vidas[57].*

-Parker Palmer

---

[56] "but rather in more simple and elemental terms: the connection to a deeply held set of values and to a purpose beyond our self-interest"

[57] "Self-care is never a selfish act - it is simply good stewardship of the only gift I have, the gift I was put on earth to offer others. Anytime we can listen to true self and give the care it requires, we do it not only for ourselves, but for the many others whose lives we touch."

¿Por qué no prestan mucha atención al descanso, la dieta y el ejercicio los líderes? Veinte libras[58] de peso adicional, una membresía del gimnasio no utilizada y una botella de somníferos no son nada inusual para los líderes. Honestamente, la falta de autocuidado siempre me ha sorprendido. Somos gente inteligente y razonable, entonces vivir saludable debería ser algo de sentido común.

Después del colegio, el primer certificado que saqué fue en salud y nutrición. Esto me dio la oportunidad para ser entrenadora personal mientras estudiaba en la universidad. Sé por esta experiencia, y también por mis propias experiencias personales, cuán difícil es mantener el autocuidado consistente. Lo que he llegado a entender sobre los líderes (entre los que me incluyo) es que el golpe de adrenalina que sentimos por haber logrado algo es más fuerte que el golpe de adrenalina que sentimos después de hacer ejercicio.

Hay una explicación. Cuando tienes la oportunidad de hacer lo que mejor sabes hacer, lo esperas con ansiedad. Eso por sí mismo produce las endorfinas suficientes como para sostenerte. Al realizar tus objetivos, la emoción de terminarlos el algo eufórico. Cuidarte de tu mismo con el descanso, la dieta y el ejercicio es gratificante solamente después de establecer un patrón de conducta saludable. No es divertido y no es para nada inspirador al principio. Es sencillamente trabajo duro, y esa es la razón por la que muchos no lo hacen. Se suele vivir en el momento y esperar lo mejor.

Lamentablemente, nuestros cuerpos no tienen tanto desinterés por el descanso, el ejercicio y una dieta saludable como nosotros. Eventualmente lo vamos a pagar el precio por nuestra negligencia. Es comprensible la razón por la que muchas personas no prestan atención al deseo de su cuerpo para la salud. Noventa y cinco por ciento de las personas que comienzan una nueva dieta o programa de ejercicio van a rendirse. Eso en combinación con el hecho de que el autocuidado es muy difícil, la mayoría de los libros, blogs y programas de salud y bienestar insisten que tienes que hacer cambios drásticos para ver resultados. La frustración es el único resultado que verás con estos programas.

Mi filosofía con respecto al descanso, la dieta y el ejercicio es igual a mi filosofía de cualquier área de mi vida: pequeños pasos causan grandes cambios.

La salud no se recupera en un solo día. Comienza con el acto de tomar decisiones diferentes y romper viejas costumbres. Puede ser algo tan sencillo como comprar leche

---

[58] Veinte libras son aproximadamente nueve kilógramos.

descremada en vez de leche descremada al dos por ciento. O, intenta cambiar un café o refresco por agua. Ordena una ensalada o sopa en vez de pollo frito si sales para almorzar. Si no haces ejercicio, comienza por hacerlo un día a la semana y no seis. Siempre y cuando realices uno de tus pequeños cambios, crea un objetivo saludable nuevo. Estas decisiones resultarán en la buena salud y el descanso. Mi último consejo para ayudar en la restauración de tu salud: date gracia. Cuando te sales del camino y comes algunos dulces o te saltas un día de ejercicio para quedarte en cama porque está lloviendo, disfruta y toma otra decisión la próxima vez. Esto es la vida pivote.

### Paso 4: La reentrada
### (Enfrentándote a la vía de acceso de la vida)

Cuando decides cambiar el caos por la simplicidad, el retiro y la salud, necesitas estar listo para la reentrada da la vía de acceso de la vida. Cuando has hecho cambios en tu vida, parecerá como el resto del mundo esté moviéndose a velocidades diez veces más rápido que tú. La reentrada puede sentirse un poco como la autoescuela. ¿Recuerdas cuando aprendiste a manejar y tus padres o instructor te llevó a la vía de entrada de la autopista?

Mientras entrabas a la vía de entrada y usaste la señal de intermitente, parecía ominoso saber que ibas a comenzar desde cero y acelerar a una velocidad rápida en quince segundos o menos para entrar al tráfico, todo sin morirte. Quizás parte de ti quisiera ir atrás. ¡El concepto parecía una locura! Esta sensación es lo que podrías sentir cada semana cuando reentras al mundo fuera de tus lugares de simplicidad, retiro y salud. No te preocupes, lo que los demás no saben mientras te pasan rápidamente en la carrera de sus metas es que tú eres más productivo, autoconsciente y saludable que ellos.

Mientras aprendes el arte de la inaccesibilidad, ten cuidado con los "Life Busters" (arruinadores de la vida) (Frazee, 2003). En su libro *Making Room For Life: Trading Chaotic Lifestyles for Connected Relationships*, Randy Frazee (2003) enseña que las "arruinadores de la vida" son obstáculos que hacen más difíciles realizar nuestros objetivos, como las tareas o deportes de nuestros hijos, ser padre soltero, u hogares con dos fuentes de ingresos. Frazee dice que si en realidad queremos lograr nuestras metas, tenemos que considerar la cantidad de cambio estamos dispuestos a realizar. Para tener orden en tu vida y liberarte para ser Líder Pivote, tendrás que dejar el estado actual del estilo de vida de hoy y embrazar la tensión de cambio. Ya es hora para superar los arruinadores de la vida y perseguir tu destino a través del arte de inaccesibilidad.

# ACTIVIDAD DE ACCIÓN

*Cuantas más maneras que tengamos para conectarnos,*

*más parece que la gente quiera desconectar[59].*

-Pico Iyer

## EL PENSAMIENTO PIVOTE DEL LÍDER

¿Qué sobresalió en este capítulo? ¿Cuáles palabras, frases u oraciones destacaste o encerraste en un círculo? ¿Qué tipo de recordatorio o apuntes escribiste en los márgenes de la página?

En las líneas abajo, escribe algunos pequeños pasos que tomarás para desconectarte que creará grandes cambios en tu vida.

_____

_____

_____

_____

_____

_____

_____

_____

_____

_____

## LOS CAMBIOS COMIENZAN CON LA SIMPLIFICACIÓN

Usando la estrategia semanal *Getting Things Done*, trabaja con los cuatro pasos que sugerí para la simplificación de tu vida.

1. Evalúa tu calendario
2. Averigua tu motivación
3. Planea para lo inesperado
4. Escoge lo que es esencial

---

[59] "The more ways we have to connect, the more many of us seem desperate to unplug."

## APRENDIENDO CÓMO DESCONECTAR

Establece una meta para desconectar que conforme con tu contexto. Si eres un líder quien nunca se aleja de la computadora o el teléfono celular, comienza con una meta alcanzable. Aquí hay dos sugerencias:

1. Haz planes para pasar cinco minutos en tu lugar favorito en casa o en la naturaleza. Sin teléfonos ni computadoras. Solamente tú y ese espacio. Al realizarlo, extiende el plazo de tiempo en 5 minutos.

2. Haz planes para pasar un rato sin tecnología. Nuestra familia tiene un acuerdo con documentos firmados que dice que nos alejamos de la tecnología a partir de cenar cada noche. A veces realizamos nuestra meta, y a veces es necesario trabajar, escribir o hacer tarea. No obstante, sin esa meta, nunca tendríamos ningún momento sin tecnología en nuestra casa.

## CÓMO HACER UNA CAJA DEL SÁBADO

Esencialmente, una caja del Sábado contiene todos tus dispositivos, listas de quehaceres y preocupaciones que tengas mientras te desconectas. Es una manera tangible de acercarte a tu tiempo de soledad.

Se pueden encontrar instrucciones para esta actividad en mi sitio web: http://www.angelalcraig.com/ [60].

---

[60] Sitio web en inglés.

# PARTE 2:

# LA COMMUNIDAD PIVOTE

# CAPÍTULO CUATRO

## EQUIPO: HACIÉNDOSE UNA COMUNIDAD DE PROPÓSITO

### ¿CÓMO DEFINES EL EQUIPO?

El concepto de equipo ha existido tanto tiempo como la humanidad ha estado aprendiendo y compartiendo información. Los equipos vienen en muchos tamaños y formas: hay equipos cívicos, deportivos, de la iglesia, del gobierno y empresariales, por nombrar unos cuantos.

Antes de que Cristóbal Colón conquistara América, la gente vivía en un sistema comunal armonioso (Bordas, 2007). Juana Bordas, líder mundial y educadora quien escribió *Salsa, Soul, and Spirit: Leadership for a Multicultural Age*, dice que el mercado libre, competencia y supervivencia del más apto reemplazaron las sociedades comunales tempranas. Actualmente, todos se cuidan por el número uno: cada uno para sí mismo[61] (p.33).

El *nosotros* colectivo se convertía en el *yo* singular mientras la filosofía americana se convertía en una concentrada en el individualismo y el trabajo. Bordas sugiere que no deberíamos acercarnos a la cultura en términos absolutos. Es decir que no es necesario elegir o una cultura del *nosotros* o una cultura del *yo*. Podemos aprender cómo lograr un equilibrio cultural entre el bienestar el individuo y el bienestar de la comunidad, y así alcanzar un nivel más alto (p. 54). No debería existir un vacío entre el yo y el nosotros.

---

[61] "The free market economy, competition, and survival of the fittest replaced early communalism. Now the operating words were looking out for numero uno - every man for himself."

## ¿TIENES UN ESTILO DE ORGANIZACIÓN ORIENTADO MÁS A UNA CULTURA DEL NOSOTROS O A UNA CULTURA INDIVIDUALISTA DEL YO?

La clasificación del valor humano a través de una jerarquía que hacemos por causa de nuestra mentalidad individualista del *yo* se ha convertido en un peligro para nuestra salud y también la longevidad de organizaciones y los que las dirigen (Hicks, 2011).

Como líderes Pivote, deberíamos disipar la idea de que las oficinas ejecutivas muestran cierta superioridad sobre los asistentes que trabajan en cubículos. En esta analogía, la oficina y el cubículo crean obstáculos para un verdadero equipo. El "equipo" será solo un título y una fachada en una organización que apoya la separación entre los superiores y los inferiores.

Este tipo de fachada existe en cada área de negocio y comunidad. No hay ningún tipo de servicio, religión o negocio que no tenga la tentación de dirigir solo.

Piensa en tu organización misma. ¿Cómo está estructurada? ¿Hay una diferencia entre lo que se dice y lo que se hace? En las organizaciones, es muy común usar las palabras *equipo* y *comunidad* sin realmente trabajar de acuerdo con lo que representan.

Por ejemplo: hay negocios que tienen equipos en vez de departamentos o divisiones, pero aún tienen una estructura jerárquica. O, las iglesias que enseñan la importancia del involucramiento de la comunidad, pero el pastor es el único que habla mientras su congregación se sienta ahí tomando café y disfrutando el sermón. O, las escuelas que creen en transformar vidas, pero enseñan solo con lecturas y no dejan que los estudiantes participen en el proceso de aprendizaje. Todos estos ejemplos muestran cómo las palabras, aunque con buenas intenciones, pueden contradecir la acción.

Construir un equipo productivo y comprometido requiere un líder que ve a sus colegas como parte de la comunidad y no productos. Cada persona debería ser apoyada en el desarrollo de su pleno potencial.

*Comunidad de Prácticas* es un término utilizado por antropólogos para describir un equipo que comparte una vocación, profesión o visión. La comunicación y la colaboración del desarrollo profesional y personal son el enfoque de *Comunidad de Prácticas*. Aprender y compartir información para un objetivo común crea la cultura y valor organizacional y longevidad (E.L. & Storck, 2001). Lo que este concepto realmente describe es una *comunidad de propósito.* Cada líder quiere lo que una *Comunidad de Práctica* promete, pero algunos no saben dónde comenzar para lograrlo.

**El primer paso en construir equipos fuertes es el conocimiento de tu mismo y tus necesidades organizacionales.**

Parker Palmer (2007) dijo que cuando reconectamos a quienes somos con lo que hacemos, nos acercamos a nuestras vidas y nuestro trabajo con una pasión, un compromiso y una integridad renovados (p. 144). Piensa un momento en tu *Filosofía Personal de Liderazgo* o *Declaración de Creencias* que hiciste en Capítulo Uno. ¿Quién eres? ¿Cuál es tu propósito? ¿Qué valoras? ¿Cuáles fuertes se te dieron para afectar al mundo de manera positiva? El liderazgo verdadero viene de la identidad, integridad, visión y tu habilidad de empoderar a los demás para

## COMO LÍDER, ¿CUÁLES SON TUS PUNTOS FUERTES?

Los Líderes Pivote conocen sus fuertes y tienen la confianza necesaria para mantenerse en el punto óptimo de sus talentos y habilidades. El Dr. Donald Clifton, el "padre" de la psicología positiva, dice que:

> *El líder necesita conocer sus fuertes como el carpintero necesita conocer sus herramientas, como un doctor también conoce las herramientas que tiene dispuestas. Lo que cada gran líder tiene en común es que realmente conocen sus propios puntos fuertes – y pueden utilizar el punto fuerte adecuado en el momento preciso. Esto explica por qué no hay ninguna lista definitiva de las características que describen a todos los líderes[62].*

La herramienta más efectiva que encontré para ayudarte a conocer tus puntos fuertes en *Strengthsfinder 2.0* de Tom Rath. En vez de enfocar en tus puntos débiles, el Gallup Research Strengthsfinder (encuentrafuertes) busca centrarse en lo que haces mejor. En el libro, el lector encontrará la filosofía de liderazgo basado en habilidades. Tiene una

---

[62] "A leader needs to know his strengths as a carpenter needs to know his tools, as a physician knows the tools at her disposal. What each great leader has in common is that they each truly know his or her strengths – and can call on the right strength at the right time. This explains why there is no definitive list of characteristics that describes all leaders."

lista de cada uno de los 34 puntos fuertes (o temas), entrenamiento para cada una y un código al final del libro para tomar una evaluación online que revelará sus mayores cinco habilidades, o puntos fuertes. Dependiendo de tu profesión, hay muchísimos libros para leer. Aquí hay algunos ejemplos:

- *Strength-Based Leadership*, para líderes y gerentes
- *Teach with your Strengths*, para educadores
- *Strengths-Based Selling*, para la fuerza de ventas
- *Living your Strengths*, diseñado para cualquier organización religiosa
- *Entrepreneurial Strengthsfinder*, para empresarios
- *StrengthsExplorer*, para edades de 10 a 14 años

Durante mi entrenamiento de desarrollo de liderazgo, *Strengthsfinder* ha sido la herramienta más acogedora y basada en el propósito que haya encontrado para la construcción de equipos fuertes. Es imperativo para cada Líder Pivote y su equipo. Además de conocer tus fuertes, es también importante saber cómo diriges a los demás.

## ¿DIRIJO MI EQUIPO COMO GERENTE O COMO LÍDER?

El rol del gerente y el rol del líder son igualmente importantes; uno no supervive sin el otro. Pero es común ver a los líderes convertirse en gerentes en su rutina cotidiana. **Esta es la pregunta de prueba:**

¿Está lleno tu calendario de la gestión de tareas y proyectos, o está lleno de interacciones para guiar a otras personas a completar estos objetivos? Los Líderes Pivote tienen influencia fuera de su círculo interior de trabajo para motivar, dar visión y dar fuerza a otras personas en la organización para guiar la empresa hacia el éxito.

## ¿CUÁLES SON TUS NECESIDADES ORGANIZACIONALES?

Uno de los mayores obstáculos al cual los líderes se enfrentan durante sesiones de entrenamiento es poder expresar la misión, visión y objetivo de la organización.

Hablaremos de declaraciones de visión y misión, establecer objetivos y crear tu saga última en el capítulo ocho. Hasta entonces, puedes simplemente escribir una oración sencilla y concisa para estas tres cosas (misión, visión, objetivos) para comunicar con tu equipo. Sin esto, no hay consistencia con respecto a la colaboración, unidad o productividad del equipo.

**Reflexiona sobre estas preguntas:**

*¿Cuál es mi trabajo?*

*¿Cuál es nuestra misión (qué hacen)?*

*¿Cuál es nuestra visión (adónde van)?*

*¿Cuáles objetivos intencionales tenemos para realizar la misión o visión de nuestro grupo?*

*¿Son tan grandes la misión y la visión que siento una urgencia para depender de las habilidades de otros?*

**Segundo, un Líder Pivote conoce las habilidades y limitaciones de los miembros de su equipo.**

Como líderes, nuestro objetivo es llegar a tener una visión clara y lograr un conjunto de objetivos para guiarnos a realizar esa visión dentro de un plazo de tiempo establecido. Tu habilidad para dar fuerza y movilizar los puntos fuertes de los miembros de tu equipo será la clave para tu éxito.

En su libro de negocio bestseller, *Good to Great*, Jim Collins (2001) examina las razones por las que algunas empresas ordinarias se hicieron extraordinarias mientras otras no cambiaron. Sus investigaciones afirman que los Líderes de Nivel 5 de las empresas ordinarias hechas extraordinarias simplemente contrataron a las personas más adecuadas para el trabajo y se deshicieron de la gente que no encajaban en el rol. Usando un autobús como metáfora del proceso de contratación, Collins dice que estas compañías consiguieron la gente adecuada para subirse al bus, en los asientos adecuados y corrieron las personas no adecuadas para el bus, y después ellos determinaron adónde manejarlo[63] (p. 41).

Desafortunadamente, los miembros del equipo que hayan tenido poco poder o influencia dentro de una organización en el pasado no van a ponerse de pie y entrar a tu

---

[63] "...they first got the right people on the bus, in the right seats, and the wrong people off the bus and then figured out where to drive it" (p. 41).

oficina para darte un libro de jugadas con información acerca del valor y los puntos fuertes que pudieran ayudar al equipo y la organización. Parker Palmer escribió que las instituciones ofrecen múltiples maneras de protegernos de un encuentro en vivo[64] (p. 36). ¿Qué tan cierta es esta afirmación en tu organización? Como Líder Pivote, deberías crear un espacio para diálogo continuo que dé fuerza a los miembros del equipo para tener una conversación que ilumina sus fuertes y la pasión que tienen por la misión de la organización y su visión y objetivos. Tanto como necesitas conocerte y tus puntos fuertes, también necesitas conocer a tu equipo.

Hay múltiples herramientas que puedes utilizar para descubrir los puntos fuertes de tu equipo y asegurar que cada persona esté sentada en "el asiento adecuado en el autobús" como diría Collins. Por ejemplo, yo he utilizado las siguientes evaluaciones en el entrenamiento de equipo: Strengthsfinder, SWOT (Análisis DAFO), Typewatching, Myers-Briggs y LPI 360 (Leadership Practices Inventory). Yo voy a sugerir que, sin importar la evaluación que hagas, debería ser algo que hicieras una sola vez; permite que llegue a ser parte de la cultura de tu equipo.

Escucha la historia de Angela Howard, una líder del Departamento de Mujeres de NWMN (Northwest Ministry Network), oradora internacional y pastora licenciada, mientras cuenta cómo una cultura positiva ha transformado su equipo:

*El equipo de liderazgo de mujeres de NWMN hizo el entrenamiento Strengthsfinder, y ¡fue transformacional! Logramos un mayor conocimiento de nuestras habilidades, que nos facilitó a contribuir con confianza nuestros puntos fuertes al equipo entero. Además, expandimos nuestro reconocimiento de los dones, puntos fuertes y personalidades de cada persona. Esto facilitó la posibilidad de ver el uno al otro más claramente, crecer en reconocimiento, colaboración y confianza. También profundizó la eficacia mientras trabajábamos para construir una visión fuerte como equipo. Como resultado, el enfoque en nuestros dones y los puntos fuertes de nuestros colegas pasó a ser una cultura y no solamente una clase que se tomó y después se olvidó. Si quieres transformar a tu equipo en una fuerza eficaz y poderosa que pueda cambiar el mundo, yo recomiendo altamente que utilicen Strengthsfinder para crear una cultura basada en puntos fuertes. ¡No te decepcionará!*

---

[64] "Institutions offer myriad ways to protect ourselves from a live encounter."

**Refleja sobre estas preguntas:**

*¿Cuánto sabes sobre los miembros de tu equipo, como empleados e individuos?*

*¿Comenzaron a trabajar en la organización antes de ti?*

*¿Qué es la historia laboral de los miembros de tu equipo, dentro y fuera de tu organización?*

*¿Están unidos los miembros de tu equipo con la misión y la visión de tu grupo y organización?*

*¿Qué tipo de cultura está creando tu equipo?*

**Tres, un Líder Pivote delega según las habilidades de su equipo.**

## SI ESTUVIERAS ENSEÑADO A OTROS LÍDERES CÓMO DELEGAR A UN EQUIPO; ¿CÓMO SE VERÍA TU MODELO DE DELEGACIÓN?

¿Por qué deberías delegar algo si puedes hacer la tarea tú mismo sin problemas? Como líder confidente y capaz, fuiste contratado para establecer la trayectoria de tu área u organización y también para tomar decisiones difíciles. Muchas tareas y proyectos son algo que podrías hacer tú mismo sin tener que interactuar con otra persona.

Pero no fuimos diseñados para compartimentar tareas. Cuando lo hacemos, el equipo se divide, está fragmentado e impersonal, y esto resulta en un enfoque en la estructura jerárquica en vez de enfocarse en el equipo que pudiera trabajar con un ritmo, una misión y visión y con metas de la organización (Helgesen, 2005).

La delegación a los puntos fuertes del equipo toma tiempo, paciencia y sacrificio. La primera prueba del Liderazgo Pivote con respecto a la delegación será dejar que otros tomen algunas decisiones.

En el libro *The Web of Inclusion*, la autora Sally Helgesen (2005) entrevista a la vicepresidente y jefa de enfermería Joyce Clifford del hospital Beth Israel. Helgesen le pregunta a Clifford cómo fortalece a las enfermeras, a los doctores y al personal administrativo que trabajan con ella, cambiando la estructura del hospital y últimamente convirtiendo algo mediocre en un hospital mundialmente conocido. Clifford reconoció el espacio entre las decisiones que tomaban los líderes y las personas que realizaban esas decisiones. Clifford decidió dejar su propia necesidad de control, poder y decisión y creó la política de preguntarse las siguientes preguntas antes de tomar alguna decisión sola:

*¿Quién debería tomar esta decisión?*

*¿Quién está en condiciones de tomar la decisión?*

*¿Qué preparativos, entrenamiento e información necesitaría esa persona para tomar la decisión?*

*¿Cómo puedo proveer lo necesario?*

*¿Si nadie está en condiciones para tomar la decisión, qué estoy haciendo mal?*

Clifford dijo que cuando se fuerza pensar así (y ella admite que es difícil), descubre que el mejor rol para ella es ser el respaldo. Necesita transformar la naturaleza de cualquier situación para que alguien más cerca del problema pueda tomar la decisión, aunque sería muchas veces más fácil tomar la decisión ella misma[65] (Helgesen, 2005, p. 156).

En fin, cada individuo quiere saber que él o ella ofrece valor a la misión y visión en cuestión. El deseo del miembro del equipo es que se escuche a su voz y que se consideren sus ideas. Si no se han identificado sus puntos fuertes y esta persona no está sirviendo en la posición adecuado en tu equipo, nada de esto sucederá. La persona llegará a ser una parte neutral, o quizás negativa de tu equipo. Su contribución será anticlimática y este empleado quien pensabas que iba a ser increíble será la luz que siempre intentas prender pero que se apaga mucho.

---

[65] "I discover that the best role for me is playing backup. I need to transform the nature of any given situation so that someone closer to the problem can make the decision, even though it would often be easier to make it myself."

**Cuatro, da fuerza a los miembros de tu equipo en las posiciones que se les hayan dado.**

## ¿CUÁLES ERAN LOS ATRIBUTOS DEL LÍDER QUIEN MÁS TE HAYA INFLUENICADO?

*The Leadership Challenge* por Kouzes y Posner (2007), uno de los recursos mejor escritos en el área del liderazgo, dice que el liderazgo tiene que ver con la relación.

Kouzes y Posner (2007) citan a Alan Keith (Genentech): El liderazgo últimamente tiene que ver con la creación de una manera en que la gente pueda contribuir para hacer realidad algo extraordinario[66] (p. 3). En el corazón del empoderamiento hay la habilidad del líder para permitir que los demás puedan actuar. Se logra esto a través de promover la colaboración y la confianza, animando a los miembros del equipo cuando quieren rendirse y reconociendo y celebrando las contribuciones individuales y los logros del equipo (Kouzes & Posner, 2007).

Durante una entrevista con la presidenta y fundadora de la misión de las Asambleas de Dios en Calcuta y fundadora del ministerio Calcutta Mercy[67] (su organización de ministerios de compasión), Huldah Buntain, descubrí que durante un periodo de sesenta años Huldah fue la responsable por el establecimiento de unas 800 iglesias, un sistema de educación, cinco escuelas bíblicas, un hospital, un centro de entrenamiento de enfermeras y una escuela de pedagogía que aún dirige y visita. Huldah y el Ministerio de Calcuta son responsables por la presencia de ministerios en once estados de la India, incluso para 272 millones de personas, 32.000 de las cuales son estudiantes que asisten a escuelas.

Esto me dio curiosidad. Hice una búsqueda por Internet para estadísticas sobre la población del estado en el cual vivía en los Estados Unidos. En 2013, un poco menos de 7 millones de personas vivían en el estado de Washington. En los Estados Unidos hay 316 millones de personas. Durante su vida, ¡Huldah esencialmente habría servido a tantas personas como viven en los Estados Unidos con comida, cuidado médico, educación, libertad del tráfico sexual y bienestar espiritual!

---

[66] "Leadership is ultimately about creating a way for people to contribute to make something extraordinary happen."
[67] Assembly of God Mission in Calcutta, Calcutta Mercy Ministries

Hice una introspección y me pregunté: ¿a cuántas personas has influenciado, Angela? Quizás cuatro. Y todos vivían conmigo, ¡uno siendo mi perro!

Le pregunté a Huldah: ¿Cómo has influenciado y tenido un impacto en tantas personas? Ella respondió que lo hizo a través de equipar a otros para hacer el trabajo. Las necesidades eran agobiantes y necesitaban ayuda. ¡Huldah Buntain apoyaba al desarrollo de muchos!

Es necesario estar dispuesto a aprender la comunicación clara, concisa, oportuna y consistente para poder construir relaciones fortalecedoras.

Los Líderes Pivote usan el arte de conexión versus mando para dar comentarios, entrenamiento profesional y expectativas de fechas límites. Exploraremos la importancia de la comunicación en el Capítulo 6. Conocer a los miembros de tu equipo es el primer paso al ánimo y al reconocimiento verdaderos. Los Líderes Pivote valoran las diferencias humanas y se dan cuenta de las necesidades individuales. Tienen intención cuando animan y reconocen a otras personas y lo hacen en maneras a que los miembros del equipo responden, y no lo hacen basado en lo que el líder prefiere ni lo que sea más conveniente.

## LAS VENTAJAS DE CONSTRUIR UNA COMUNIDAD DE PROPÓSITO

## ¿CUÁLES VENTAJAS VES DE LA CONSTRUCCIÓN DE UNA COMUNIDAD DE PROPÓSITO?

Aparte de los beneficios de una mayor productividad y consecución de objetivos, la construcción de una comunidad de propósito también ofrece muchos beneficios que no son tangibles. Por ejemplo, entender y aceptar las diferencias y habilidades individuales causa mayores niveles de comunicación y la resolución de conflicto más rápido. Cuando los miembros del equipo se sientan que se respetan y honran sus opiniones, la colaboración, la capacidad resolutiva y la unidad de propósito tienen un mayor nivel.

Los miembros del equipo prosperan porque están en posiciones en los cuales pueden aprovechar todo su potencial y optimizar sus habilidades laborales y conocimiento para el bien de la organización. La autonomía que resulta del alineamiento adecuado viene con la longevidad y dedicación a la misión y visión del equipo y la empresa.

# ACTIVIDAD DE ACCIÓN

*Al dar fuerza a alguien también estás reflejando los sueños,*
*talentos y poder que está dentro de sí mismo[68].*

-Angela Craig

## EL PENSAMIENTO PIVOTE DEL LÍDER

¿Qué te llamó la atención en este capítulo? ¿Cuáles palabras, frases u oraciones destacaste o encerraste en un círculo? ¿Qué tipo de recordatorio o apuntes escribiste en los márgenes de la página?

En las líneas abajo, escribe algunos pequeños cambios que te gustaría hacer que transformarán tu equipo para siempre.

_____

_____

_____

_____

_____

_____

_____

_____

_____

## LAS CRONOLOGÍAS Y LA NARRACIÓN

Paso Uno: Crear una cronología personal, de comunidad u organizacional

Comenzamos este capítulo conociendo a sí mismo y vamos a terminar ahí también.

San Agustín dijo que la gente viaja para preguntarse sobre la altitud de las montañas, sobre las grandes olas del mar, sobre la inmensidad misma del océano, y sobre la

---

[68] "To empower someone is to reflect the dreams, talents, and power held within them."

moción circular de las estrellas, no obstante, ellos pasan por sí mismos sin preguntarse sobre nada[69].

Hay dos proyectos en este capítulo. Elige uno, o también puedes hacer los dos.

**Materiales**:

Post It Paper de 3M, 20 X 23, o algún papel muy grande para la pared o sobre la mesa.

Tres marcadores gruesos de colores diferentes

Cinta, si es necesario

Una hora de tiempo

## Cronología personal

Escribir su vida en papel será una experiencia única para cada individuo quien lo haga. Como líder, considera si esta actividad sería mejor hecha a solas durante un retiro, o durante una reunión del equipo.

Pregúntate si estas cronologías serán privadas, compartidas con solamente el líder o con solo un miembro del equipo, o si serán públicas. ¿Qué tipo de resultado buscas en estas cronologías con respecto al equipo y también las vidas individuales de cada miembro? Si tu equipo decide hacer cronologías públicas, destaca la seguridad del lugar en el cual van a compartir sus vidas. No hay duda que la transparencia y la vulnerabilidad son muy buenas cualidades del Líder Pivote.

Después de decidir y clarificar las expectativas de las cronologías, cada persona debería escribir una línea en el centro de su papel (horizontalmente) y después dividir la página (verticalmente) década por década. Cada participante escribirá eventos positivos en un color de lápiz encima de la línea horizontal principal, y los eventos negativos se pondrán en otro color debajo de la línea (ver la imagen a continuación).

---

[69] "People travel to wonder at height of the mountains, at the huge waves of the seas, at the vast compass of the ocean, at the circular motion of the stars, and yet they pass by themselves without wondering."

## Eventos en la vida de Benjamin Franklin

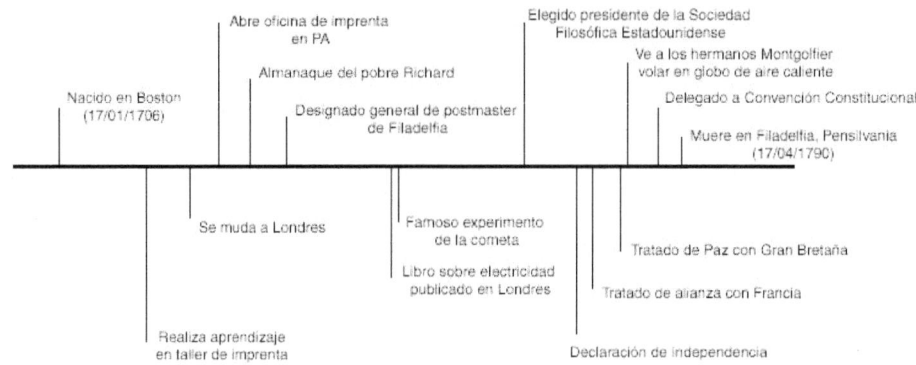

Las cronologías personales son una manera increíble de reflejar y compartir cómo la experiencia influencia las decisiones, la comunicación y el propósito. También son esenciales para ayudar a crea un cambio autoconsciente y positivo (Staik, 2012).

## Cronología organizacional o de comunidad

### Paso Dos: Explorar conexiones

Bordas (2007) presenta el mejor concepto que se puede utilizar en este paso de tus cronologías: explorando conexiones. Tus cronologías te darán la oportunidad de mirar hacia atrás y reflejarte sobre decisiones, logros, cambios, y errores. Pregúntate y pregunta a tu equipo: ¿qué se puede aprender de la historia? Volver hacia atrás y recordar lo que aprendimos como individuos o lo que aprendimos de los demás es un paso importante en el proceso.

Si tu cronología es larga o grande, Bordas (2007) sugiere que el equipo elija solamente cinco eventos significativos para compartir con el grupo (enciérralos en un círculo con otro color o escríbalos en algunos Post It separados).

### Paso Tres: Juntarlo todo

Esto es un momento para mirar hacia el futuro. ¿Cómo quieres integrar lo que has aprendido de tu cronología a tu vida o equipo? ¿Hay alguna corrección de rumbo que necesita suceder? ¿Algunos pequeños cambios que transformarán tu vida o tu equipo para siempre?

# CAPÍTULO CINCO

## EL LIDERAZGO Y LA DIVERSIDAD

*La fuerza reside en las diferencias, no en las semejanzas*[70].

-Anónimo

Cada organización tiene un letrero que indica igualdad de oportunidades en su puerta principal, pero eso no significa que practique lo que predica. Usualmente esto no es nada intencional. El enfoque de los negocios es lograr metas y también realizar sus objetivos, productividad y éxito económico. Lo que los negocios suelen no entender es que "igualdad de oportunidades" es más que cumplir con las leyes gubernamentales; es fundamental para exceder los objetivos de una empresa. Sencillamente, se trata de una manera inteligente de hacer negocios.

¿Alguna vez te has quebrado un hueso? Leí un estudio hecho por la escuela de medicina de la Universidad de Maryland que encontró que el 93% de las escayolas fueron mal puestas, causando la desalineación del hueso (Hoffman, 2014). El resultado de los errores de los doctores causó que muchas personas tenían una apariencia normal a la superficie, pero por dentro todo estaba desalineado. Estos errores causaron problemas que fueron desde la fatiga acelerada hasta la incapacidad de sostener un tenedor.

Se puede aplicar la analogía del hueso quebrado a la mayoría de las organizaciones. Parecen ser empresas sanas y bien manejadas, pero a dentro están paralizadas e incapaces de alcanzar todo su potencial. Estas empresas están paralizadas a causa de su inhabilidad de valorar un personal diversificado.

Nunca he conocido a un líder que admite que promueve una cultura discriminatoria. Instintivamente, la mayoría de los líderes saben que el prejuicio está mal; por ejemplo, los prejuicios contra raza, género, edad y discapacidades. Entonces, ¿cómo es que la mayoría de las mesas de liderazgo están formadas por hombres blanco, incluyendo la a la que me siento (ocho hombres blancos y una mujer blanca)? Ray Bradbury llama esto la terrible tiranía de

---

[70] "Strength lies in differences, not in similarities."

la mayoría[71]. Se mantiene el poder por los que tengan la mayoría de votos. En su libro *Difference Matters* (2004), Brenda Allen escribe que las dinámicas del poder organizacional no ocurren en un vacío: La promulgación del poder en las organizaciones se parece a y depende de las dinámicas de poder de la sociedad en general (Allen, 37). Algunos componentes para la construcción de estructuras de poder en la sociedad son los medios, la religión y la política. No obstante, esto va más allá de la mayoría de votos. Nuestra identidad humana se basa en cómo nos vemos a nosotros mismos y también cómo los demás nos ven dentro del contexto de sociedad y cultura.

Las palabras "diferencias" y "diversidad" son utilizadas por académicos para describir las características de distinción como raza, género, edad y discapacidades (Allen, 2004). Cuando conocemos a alguien, inmediatamente deseamos entender nuestras similitudes con ellos e identificar nuestras diferencias. Las similitudes nos hacen sentir conectados y las diferencias pueden producir sentimientos incómodos y miedo de lo desconocido. Aunque la palabra "estereotipo" tiene una mala connotación, es algo que tú y yo utilizamos diariamente. Déjame explicarlo con un cuento: Un padre y su hijo están en un accidente de coche. El padre se muere y el hijo está gravemente herido. Se lleva al hijo al hospital donde el cirujano dice que no puede hacer la operación porque el muchacho es su hijo (Grant & Sandberg, 2014).

¿Qué tan rápido supiste que el cirujano era la madre del muchacho? Este cuento clásico muestra que tan fácil es estereotipar. Estereotipar es parte de la naturaleza humana. Cuando conocemos a alguien que es diferente a nosotros, nuestras mentes no tienen otra opción que crear una construcción social o categorización de dicha persona basada en una generalización o basada en nuestra perspectiva demasiado simplificada de quien pensamos que es (Allen, 2004).

Durante un viaje a Nashville, Tennessee recientemente, estaba conversando con un conversando con un camarero. Nosotros nos reímos juntos por el hecho de que muchas personas piensan que TODA la gente de Nashville es "hillbilly[72]" y que la gente de Seattle es "tree hugger[73]".

La verdad, no sé exactamente qué es un hillbilly, pero he escuchado el término para

---

[71] "the terrible tyranny of the majority"
[72] "Hillbilly" es una palabra, que puede significar gente del campo. Se puede traducirla como "montañés" o quizás "palurdo" (peyorativo).
[73] "Tree Hugger" es una palabra utilizada para describir una persona defensora del medio ambiente, y a veces se asocia con el movimiento hippie. Muchas veces es una palabra peyorativa.

describir la gente del sur de los Estados Unidos. Sencillamente, el acto de estereotipar es como un juego de buscar parejas. Cuando conoces a alguien quien es diferente de ti, tu cerebro comienza a trabajar a conectar esta persona a una experiencia previa que tuviste: haciendo una conexión entre la persona a la que estás conociendo y otra persona que hayas visto en los medios, su religión o una percepción política. Ya que tus experiencias son limitadas y que la persona que acabas de conocer es única, es seguro que tus asunciones por causa de las conexiones que haces son equivocadas.

## ¿POR QUÉ ES TAN IMPORTANTE LA DIVERSIDAD PARA MÍ?

Muchos líderes no saben por qué la diversidad debería importarles. Juana Bordas (2007) dice no podemos abordar algo si estamos inconscientes o no reconocemos que existe (p. 111). Los líderes inclusivos están conscientes de la importancia de la diversidad en los negocios y ellos invierten tiempo y esfuerzo para conocer los datos. En un estudio hecho en los Estados Unidos el 2012, el 36% de las fuerzas laborales era gente de color, casi la mitad (el 47%) consistía de mujeres y aproximadamente el 11% era gente con discapacidades (Burns, Barton & Kerby, 2012).

No obstante, solamente el 5.2% de las posiciones de Director General de empresas Fortune 500 consiste de mujeres, y el número de personas de color con posiciones como Director General de empresas Fortune 500 ha bajado de 35 Directores Generales a 26 en los últimos nueve años (Catalyst, 2014; & Zweigenhaft, 2013). Cada día, el vacío de desempleo de las personas con discapacidades físicas va creciendo, especialmente para los hombres y mujeres que están volviendo del servicio militar activo.

Es notable que las tendencias futuras en los censos de los Estados Unidos para el año 2050 indican que no habrá ninguna mayoría racial ni étnica en la cultura diversa estadounidense, y también que en 2020 se prevé que la fuerza laboral de femenina será más grande que la fuerza laboral masculina (Burns, Barton, & Kerby, 2012). En el interés del Internet, el índice Forbes Global Ranking (Rango Global de Forbes) muestra que Noruega es el país más diverso, los Estados Unidos son el número 9, e Italia es el país menos diverso (Forbes, 2012). Si los Estados Unidos están en noveno lugar, al mundo le queda un largo camino con respecto a la diversidad y la inclusión, si consideramos la información que acabo de dar. ¿Te gusta cocinar? Si no te gusta cocinar, ¿te gusta comer? Piensa en la diversidad en términos de recetas. Cada ingrediente es importante y agrega complejidad a la comida. La receta saldrá mal si no agregas algún ingrediente importante. ¿Cómo serían el pan sin levadura, el Big Mac sin salsa especial, el helado de chocolate sin el chocolate? La diversidad es la receta para el éxito empresarial. Los líderes inteligentes pueden ver que la diversidad significa oportunidad. Los líderes en negocios como IBM y Deloitte reportan que sus decisiones de contratar una fuerza laboral diversa pasaron de la conformidad a la ética (porque es lo correcto), a una decisión inteligente que utilizó el poder de una fuerza laboral diversa (Burg, 2013). Para los Líderes Pivote, la potencial que necesitas para maximizar tu equipo y organización está en tu capacidad para crear y promover una cultura diversa e inclusiva. Conociendo los hechos, los líderes de diversidad participan con una fuerza laboral local y global para lograr mejores resultados, competitividad y crecimiento económico.

## ¿VALEN LA PENA LOS CAMBIOS NECESARIOS?

Hay blogs, artículos y libros enteros que se tratan de las ventajas de construir una organización diversa e inclusiva. Voy a resumir brevemente mis diez razones favoritas por las cuales vale la pena hacer los cambios necesarios.

#10 La diversidad aumenta la productividad, creando el crecimiento económico.

#9 La diversidad causa una mayor cuota de mercado.

#8 Las organizaciones inclusivas atraen el mejor talento.

#7 La diversidad construye un ambiente de trabajo armoniosa, que implica menos rotación de trabajadores y menores costos.

#6 Las fuerzas laborales diversas son más creativas e innovadoras.

#5 La diversidad ofrece una organización competitiva y adaptable dentro de un mundo que siempre está cambiando. Nota: tendencias futuras en el censo de los E.E.U.U. sugieren que eventualmente no habrá diferencias raciales ni étnicas.

**#4** Una base de trabajadores intercultural es poderosa (por ejemplo, tener varios trasfondos de educación, cultura y experiencia), y ayuda las organizaciones a competer globalmente.

**#3** Una actitud de "nosotros" en vez de del "yo" produce un personal comprometido. Los equipos realizarán más que los individuos.

**#2** Un personal diverso ofrece habilidades lingüísticas que son valiosas y amplían el área de servicio de la organización.

**#1** La razón más importante por la que la construcción de una organización diversa vale la pena: simplemente es lo correcto y lo que se debe hacer.

(Burns, Barton, & Kerby, 2012; & Allen, 2004; & Bordas 2007)

## ¿CUÁLES SON LOS OBSTÁCULOS QUE SE INTERPONEN EN EL CAMINO DE LA CONSTRUCCIÓN DE EQUIPOS Y ORGANIZACIONES DIVERSOS?

Dos obstáculos principales que se interponen en el camino de la construcción de un equipo y organización diversos e inclusivos son el poder y la identidad propia. Piensa en algunas maneras diferentes de que el poder puede presentarse: El poder de la mayoría de votos. El poder de la estructura de clases. El poder de colores. El poder de la política. El poder entre padre e hijo o profesor y estudiante. El poder de la educación sobre la opresión. El poder de la aceptación sobre la tolerancia. El poder de del perdón sobre la venganza. El poder del bueno sobre el malo. Como se puede ver con estos ejemplos, el poder puede ser positivo y negativo.

Tradicionalmente, se define el poder a través de términos jerárquicos. Esta definición tradicional describe a una persona o un grupo como dominante y a otro como sumiso o subordinado. Aunque vemos las diferenciales de poder desarrollarse en los sistemas jerárquicos, detrás de la cortina de poder hay mucho más que solamente la dominancia y la sumisión. Como señala Brenda Allen, esta definición simplificada no reconoce que el poder es un proceso recíproco en el cual todo el mundo participa[74] (Allen, 2004, p. 25).

El filósofo e historiador francés Michel Foucault afirma que nuestra opinión individual sobre el poder reside en cada percepción, cada juzgamiento, cada acción[75] de la interacción humana (Allen, 2004, p. 25). Se forma nuestra identidad a través de la manera en que nos percibimos dentro del contexto de una estructura de poder. Esto es por qué el tema de la identidad propia es relevante cuando hablamos de la construcción de comunidades diversas.

La identidad propia desempeña un papel significativo en el éxito de nuestro liderazgo y también en las vidas de nuestros colegas. En un estudio hecho por Kathleen McGinn de la Escuela de Negocios de Harvard, se encontró que los empleados con un nivel bajo que identidad propia y sin ejemplos del mismo sexo o raza ni modelos de un mayor nivel no sobresaldrán en sus posiciones, y en muchos casos estas personas abandonarían la organización. Si esta persona tuviera un punto de vista sano de su identidad propia, y también si tuviera ejemplos del mismo género o raza en posiciones más altas dentro de la organización, él o ella sería tendría mayores probabilidades de continuar en su organización y avanzarse (McGinn, 2010). El estudio de McGinn prueba lo que ya sabíamos: la percepción del poder, posición, o el futuro de alguien puede alterarse rápidamente por causa de un nivel bajo de identidad propia y sentimientos de inferioridad.

Piensa por un momento en cómo tu identidad propia ha influenciado tus ideas con respecto al poder, la posición y tu futuro. Solamente a través de saber que uno tiene valor y propósito se puede logar sentirse completo y de ahí se puede hacer conexiones con los demás.

## ¿CÓMO DEFINIRÁS EL PODER?

Robert Greenleaf redefinió el poder cuando juntó las palabras "líder" y "siervo". Teniendo fe en la capacidad de la humanidad para cambiar, el fundador del Center of Servant Leadership (Centro del Liderazgo de Servicio), Robert Greenleaf llamó revolucionario su tiempo en que veía el aumento de hombres y mujeres que cambiaban su

---

[74] "[...] fails to acknowledge that power is a reciprocal process in which all persons participate."
[75] "resides in every perception, every judgment, every act"

punto de vista sobre el poder y la autoridad. Su mandato para nuestro futuro: Convertir el poder en algo legítimo para el bienestar del público es un imperativo ético[76] (Bordas, 2007, p. 118). El poder llega a ser legítimo para el bienestar público cuando se reconstituye como el empoderamiento y la emancipación. El empoderamiento es el acto de fortalecer y desarrollar a los demás, mientras la emancipación va un paso más allá. La emancipación es el derecho humano y la libertad para elegir lo que nos oprimirá y lo que apoyaremos como verdad (Freire, 2000). Sencillamente, el liderazgo y la diversidad se tratan de más de una organización exitosa y ética.

El liderazgo y la diversidad se tratan de dar vida y dignidad humana a cada individuo, independientemente de color, género, edad, o limitación física. Cada vez que hay una lucha de poder en que un partido tiene más poder que el otro, hay injusticia y opresión. Donde existe la injusticia y la opresión, también existe la pobreza, no solamente económicamente, sino también una pobreza del espíritu humano.

El activista de derechos humanos y ganador del premio Nobel, Desmond Tutu, sabe algo sobre las luchas de poder. El primer arzobispo negro de la Ciudad del Cabo, Sudáfrica, Tuto desempeñó un gran papel para la lucha contra apartheid durante los años 1980. Las dos siguientes citas de Desmond Tutu son pertinentes para nuestra conversación:

*Mi humanidad está atada a la tuya, porque solo juntos podemos ser humanos[77].*

*Si eres neutral en situaciones de injusticia, has elegido el lado del opresor. Si un elefante tiene su pata sobre la cola de un ratón y dices que eres neutral, el ratón no agradecerá tu neutralidad[78].*

Al darnos cuenta de nuestro éxito como líderes y nuestra habilidad de aprovechar todo nuestro potencial depende de las vidas de otras personas, nuestro liderazgo pasará a centrarse en el desarrollo de la gente que nos rodea. Esta interrelación nos da el coraje para abandonar al elefante.

---

[76] "Making power legitimate for the public good...as an ethical imperative"
[77] "My humanity is bound up in yours, for we can only be human together."
[78] "If you are neutral in situations of injustice, you have chosen the side of the oppressor. If an elephant has its foot on the tail of a mouse and you say that you are neutral, the mouse will not appreciate your neutrality."

Los líderes que desean hacer grandes cambios en las áreas de diversidad e inclusión pueden construir este tipo de interconexión con otros a través de adoptar la filosofía africana tradicional de *seriti* (Bordas, 2007). Seriti integra la integridad espiritual de una persona con la acción correcta a otra persona. El seriti de una persona es una reflexión de su sustancia moral, influencia, bien personal, poder y humanidad. Cuantas más buenas obras haga una persona, más compartirá con la humanidad y más crecerá su seriti (Bordas, 2007, p. 175). Y, esto es muy bueno.

## ¿CÓMO ACTÚO SOBRE LO QUE CREO?

Si actuáramos sobre lo que creemos, tendríamos que ser sinceros acerca del tipo de organización de la cual somos líderes. Al final de este capítulo, tendrás de oportunidad de tomar una evaluación personal y organizacional que te ayudará a descubrir algunas de maneras en que puedas actuar sobre lo que crees con respecto a la diversidad en el lugar de trabajo.

Hay tres tipos de organizaciones: organizaciones exclusivas, organizaciones que tienen conciencia sin iniciativas y organizaciones que son creadores de cambio global por actuar sobre su creencia que la diversidad es ética y valiosa.

Las organizaciones exclusivas no están conscientes del hecho de que la diversidad importa. Las organizaciones exclusivas están contentas con el estado actual y aceptan los estereotipos como verdad. Las organizaciones y los individuos exclusivos se asocian con los que son como ellos con respecto a su trasfondo, experiencias y cultura, y así les gusta.

Consciente de los estereotipos y prejuicios, un individuo o una organización que posee sensibilización sin iniciativa cree en la importancia de la diversidad y la inclusión, pero no actúa sobre esa creencia. Es posible que esta persona u organización crea que la consciencia es suficiente para crear la harmonía. La sensibilización sin iniciativa está presente en la organización en la cual lidero. Durante mis 7+ años de mi empleo, nuestro equipo directivo ha discutido los temas de diversidad en casi cada reunión. De hecho, durante nuestra última reunión dos líderes trajeron muchos documentos escritos y estadísticas que mostraban por qué la diversidad debería llamarnos la atención. Todos estábamos de acuerdo, pero al fin y al cabo, no se implementaron ningunos pasos de acción.

Siete años más tarde, el equipo directivo permanece igual con ocho hombres blancos y una mujer blanca.

*Creadores de cambio global* son individuos u organizaciones que valoran la contribución de cada ser humano, independientemente de su raza, género, edad, discapacidad o preferencia sexual. Están conscientes de las parcialidades personales y organizacionales y el impacto negativo que esto tiene con respecto a integración en la economía global. Los *creadores de cambio global* ven el mundo como interconectado y toman acción a través de la comunicación y la promoción de otros dentro del lugar de trabajo.

Una empresa que sobresale como creador de cambio global es Deloitte LLP. En 2014, Deloitte LLP. estuvo en primer lugar de la lista Top 10 de DiversityInc. Para Deloitte LLP., la inclusión va mucho más allá de un enfoque en el género y raza/etnicidad para también incluir orientación sexual, discapacidad, generaciones, culturas, estado militar, bienestar y flexibilidad. Realmente tiene que ver con un enfoque en la persona entera y no una dimensión específica. Esto produce una cultura inclusiva para todas nuestras personas (Deloitte, 2014). Si tú y/o tu organización ha tomado pasos comprensivos para inculcar una cultura de diversidad a través de las prácticas de contratación, entrenamiento y desarrollo y ambiente, eres creador de cambio global.

Como un hueso quebrado que ha sanado incorrectamente, puede que el pensamiento de una organización y el sistema tengan que romperse para poder alinearse para ser exitosos. Los Líderes Pivote afirman la necesidad de cambios basados en su sistema de valores y su perspectiva global para su organización. Creen que la diversidad importa y actúan sobre esa filosofía.

# ACTIVIDAD DE ACCIÓN

*No hay más de cinco notas musicales, pero las combinaciones de estas cinco*
*dan lugar a más melodías que se pueda escuchar jamás.*
*No hay más de cinco colores primarios, pero con sus combinaciones*
*se producen más tonos que se puedan ver jamás.*
*No hay más de cinco sabores principales, pero con sus combinaciones*
*hay más sabores que se puedan probar[79].*

-Sun Tzu

## EL PENSAMIENTO PIVOTE DEL LÍDER

¿Qué sobresalió en este capítulo? ¿Cuáles palabras, frases u oraciones destacaste o encerraste en un círculo? ¿Qué tipo de recordatorio o apuntes escribiste en los márgenes de la página?

En las líneas abajo, escribe algunos pequeños pasos que te gustarían tomar que transformarán tu equipo u organización hoy mismo:

_____

_____

_____

_____

_____

_____

_____

_____

_____

_____

---

[79] "There are not more than five musical notes, yet the combinations of these five give rise to more melodies than can ever be heard. There are not more than five primary colours, yet in combination they produce more hues than can ever been seen. There are not more than five cardinal tastes, yet combinations of them yield more flavours than can ever be tasted."

# DIVERSIDAD Y LIDERAZGO: EVALUACIÓN PERSONAL Y ORGANIZACIONAL

¿Qué tan eficaces son tú y tu organización al manejar la diversidad en el lugar de trabajo? La evaluación a continuación se trata de la diversidad y la inclusión, y ayudará a identificar los vacíos de toma de conciencia y a sugerir algunas acciones que puedes tomar para construir una empresa más fuerte, sana y exitosa. Esta evaluación está diseñada para dueños del negocio, empresarios, executivos, líderes, gerentes y el personal de recursos humanos.

| | Compromiso Personal | Marca todas las opciones que apliquen. |
|---|---|---|
| 1 | Estoy consciente de la importancia de la diversidad en nuestra organización y he evaluado mi contribución regularmente. | |
| 2 | Me fascinan y aprecio las habilidades únicas que cada individuo ofrece. | |
| 3 | Hago preguntas que dan fuerza a los que son diferentes de mí para profundizar mi conocimiento y comprensión de los trasfondos e las historias diversos, que a su vez fortalecerá nuestra organización. | |
| 4 | Hablo alto cuando veo la discriminación contra otra persona. | |
| 5 | No participo en el lenguaje exclusivo ni chistes o comentarios raciales o de género. | |
| | Compromiso al Liderazgo | Marca todas las opciones que apliquen. |
| 6 | La diversidad y la inclusión en el lugar de trabajo es parte de nuestra visión organizacional y nuestro compromiso estratégico. | |
| 7 | Nuestra organización tiene objetivos concretos que miden lo que queremos lograr con respecto a la diversidad y la inclusión. Ejemplos: prácticas de contratación establecidas, entrenamiento, desarrollo, incentivos para gerentes que reclutan y ascienden a otros. | |

| | | |
|---|---|---|
| 8 | Nuestra organización tiene un empleado de nivel alto quien repasa, modifica y mejora nuestros sistemas de diversidad e inclusión. | |
| 9 | Nuestra organización tiene un presupuesto dedicado a la promoción del iniciativo de diversidad al cual está dedicado nuestra empresa. | |
| | Desarrollo y Entrenamiento del Personal | Marca todas las opciones que apliquen. |
| 10 | Nuestra organización ofrece oportunidades educativas regularmente en los beneficios de la diversidad y también ofrece entrenamiento de comunicación y de creación de equipo a todos los empleados. | |
| 11 | Nuestra organización ofrece oportunidades educativas regularmente en los beneficios de la diversidad y también ofrece entrenamiento de comunicación y de creación de equipo a todos los gerentes y el equipo directivo. | |
| | Cultura del Lugar de Trabajo | Marca todas las opciones que apliquen. |
| 12 | En su cultura, nuestra organización promueve la sensibilización de diversidad. | |
| 13 | El ambiente de nuestra organización toma en cuenta las necesidades de nuestro personal diverso. Ejemplos: una guardería, un espacio para las madres lactantes, un oratorio, pisos antideslizantes para los trabajadores mayores. | |
| 14 | Nuestra organización provee recursos humanos seguros para los empleados que quieren plantear preocupaciones sobre la diversidad y la inclusión donde se escucharán y se abordarán sus ideas. | |
| | Número de celdas marcadas: | /14 |

# ¿QUÉ SIGNIFICA TU RESULTADO?

Respecto a las áreas de liderazgo y diversidad, ¿qué tan bien lo hago, y qué tan bien lo hace mi organización?

## 0-5 Organización exclusiva

Las organizaciones exclusivas desconocen que la diversidad importa. Las organizaciones exclusivas están contentas con el estado actual y aceptan los estereotipos como verdad. La organización exclusiva se beneficiará mucho de tomar tiempo para examinar las ventajas y el valor que puede ofrecer una diversa fuerza laboral a su organización. Después de establecer una sensibilización, la organización puede actuar sobre sus creencias para establecer una visión explicita que es basada en objetivos mensurables y estrategias que cambiarán su empresa.

## 6-9 Sensibilización sin iniciativa

Consciente de los estereotipos personales y organizacionales, un individuo o una organización que posee sensibilización sin iniciativa cree en la importancia de la diversidad y la inclusión, pero no actúa sobre esa creencia. Es posible que esta persona u organización crea que la consciencia es suficiente para crear la harmonía. Los individuos y las organizaciones que tienen intención sin acción simplemente necesitan actuar sobre lo que creen a través de establecer una visión explicita que es basada en objetivos mensurables y estrategias que cambiarán su empresa.

## 10-14 Creador de cambio global

Los creadores de cambio global son individuos u organizaciones que valoran la contribución de cada ser humano independientemente de su raza, género, edad, discapacidad o preferencia sexual. Están conscientes de las parcialidades personales y organizacionales y el impacto negativo que esto tiene con respecto a integración en la economía global. Los creadores de cambio global ven el mundo como interconectado y toman acción a través de la comunicación y la promoción de otros dentro del lugar de trabajo. Si tú (y/o tu organización) has tomado pasos comprensivos para inculcar una cultura diversa a través de las prácticas de contratación, entrenamiento, desarrollo y ambiente, tú eres un creador de cambio global.

# CAPÍTULO SEIS

## LA COMUNICACIÓN PIVOTE

*El mayor problema con respecto a la comunicación es*
*la ilusión de que esto se ha producido*[80].
-George Bernard Shaw

## ¿POR QUÉ ES TAN IMPORTANTE LA COMUNICACIÓN?

Los estudios han estimado que los directores de negocios pasan entre un 70 y 90% de sus horas de vigilia comunicando de alguna forma (Barrett, 2006). Este mero hecho establece la importancia de apoyar el enfoque en aprender la comunicación eficaz. Si la comunicación se hace parte de la rutina, la pérdida del enfoque será un resultado rápidamente. Dado que la comunicación organizacional es el eje en el que tu negocio gira, no se puede ignorar esta área del liderazgo.

Los expertos en la comunicación organizacional Conrad y Poole (2012) definen la comunicación como el proceso que la gente, colaborando entre sí, crea, sostiene y maneja significados a través del uso de señales y símbolos verbales y no verbales dentro de algún contexto en particular (p. 5). La comunicación verdadera mezcla la autonomía con una interconexión. La comunicación fomenta las relaciones entre los miembros del equipo, dando una voz a cada persona con la cual puede contribuir al éxito de la organización. Para resumir en una palabra que viene del idioma latín, comunicación significa "compartir."

*Si tuvieras que definir la comunicación en una sola palabra, ¿cuál sería?*

La nube de palabras abajo fue creada para darte algunos ejemplos de cómo algunos líderes contestaron la pregunta (Craig, 2014).

---

[80] "The single biggest problem in communication is the illusion that it has taken place."

Tiempo Tacto
Cara a cara Alabanza
Perspicaz Entender Necesario
Estímulo Detalle Escuchar
Complejo Relación Conectado Dual
Abierto Compartir Vital Respetar Mutuo
Honesto Dedicarse Confianza
Confuso Genuino Esencial
Empatía Amor

No todas las definiciones u impresiones de la comunicación son positivas, pero la mayoría de las personas que respondieron expresaron cierta esperanza en lo que *podría* ser la comunicación efectiva. ¿Cómo definirías la comunicación usando solamente una palabra?

*La comunicación es* _____.

## ¿CÓMO CREAS UN ESPACIO DE BUENA COMUNICACIÓN?

Superar los obstáculos de buena comunicación es el primer paso para crear un espacio para la comunicación productiva. Piensa en las personas con las cuales interactúas diariamente. ¿Cuál es la mayor cosa que se interpone en el camino de la comunicación efectiva? Según Baab (2014), la mayor cosa que se interpone en el camino de la comunicación efectiva es la falta de tiempo. Los líderes están ocupados. Esto llamo el ruido organizacional. Pero, ¿cómo es que podemos estar demasiado ocupados, pero a la vez pasar entre 70 y noventa por ciento de nuestro tiempo conversando con otros? La respuesta es simple. Estamos comunicando en horas de cantidad, no con calidad. Nuestra comunicación verbal y no verbal se ha pasado a ser muy ineficaz. Nuestra pregunta, entonces, pasa a ser: ¿cómo creamos un espacio para la comunicación efectiva que lleve a un resultado alcanzable y positivo para nuestro equipo y nuestra organización?

Hay tres herramientas de comunicación esenciales que te pueden guiar como Líder Pivote y también ayudar a otros y realizar tu misión: **el escuchar, el compromiso, la** intención.

En la superficie, **el escuchar** parece ser algo sencillo. BASTA DE HABLAR. Pero hay más allá del silencio. He aprendido por experiencia la diferencia entre la escucha activa y la pasiva. Déjame compartir un ejemplo.

Creo que la comunicación es uno de mis puntos más débiles. Hace muchos años, comencé a leer libros que se trataban del mejoramiento de la comunicación. La mayoría de los libros sobre la comunicación suelen centrarse en escuchar. (Me preguntaba si estos autores supieran por casualidad que yo pasaba la mayoría de mi tiempo de recreación escolar en el salón del maestro por causa de hablar durante clase). Una mañana yo estaba en una caminata con dos buenos amigos y decidí utilizar mi habilidad para escuchar. Comencé haciendo una pregunta abierta (todos los libros dicen que no deberías hacer preguntas de sí o no). Presenté estas preguntas y dejé de hablar. Caminaba con silencio mientras me contaban historias de lo que hacían los fines de semana y de sus planes futuros. Después de veinte minutos de silencio, un amigo se paró y me dijo, "Angela, ¿están bien? No has dicho nada esta mañana. ¿Estás pensando en asuntos del trabajo?"

Me sentí destrozada. Yo había fracasado. Aunque quería fortalecer nuestra amistad a través de mi comunicación no verbal, yo había hecho el opuesto por causa de la escucha pasiva.

La falta de involucramiento a través del silencio les comunicó que no me interesaba. En aquel momento tuve que confesarles que estaba practicando mis habilidades para escuchar. Ellos se pusieron a reírse fuertemente, a lo mejor porque siempre tengo algo que decir durante nuestras salidas: cuentos, anécdotas, etc.

Como puedes ver con esta historia, hay una diferencia importante entre *oír* y *escuchar*. Los especialistas en la comunicación dicen lo mismo: "oír" es el acto de percibir algún sonido, pero "escuchar" es el arte de dar significado y conocimiento a dicho sonido (Baab, 2014).

En su libro *El poder de escuchar*, Lynne Baab explica la definición de la palabra "escuchar". Dice que la palabra "escuchar" viene de dos palabras anglosajonas. Una significa "oír" y la segunda significa "esperar en suspenso" (Baab, p. 7).

Todos hemos sido los recipientes y dadores del acto de "oír" y "escuchar". Piensa en algún tiempo en que hayas experimentado la diferencia. Por ejemplo, durante una reunión en el lugar de trabajo alguien está presentando algo, y la mitad de la gente está prestando atención a otra cosa como sus teléfonos o laptop. Puede que tú seas la persona que está haciendo la presentación.

Yo he estado en ambos lugares. En el libro *Emotional Intelligence 2.0*, Bradberry y Greaves nos dan la respuesta: escuchar y observar son los elementos más importantes en la concienciación social. Para escuchar bien y observar lo alrededor, tenemos que dejar que hacer muchas cosas que nos gustan. Tenemos que dejar de hablar, detener el monólogo que esté corriendo por nuestras mentes, dejar de anticipar el punto que la otra persona está a punto de hacer, y dejar de pensar en adelante a lo que vayamos a decir. Esto es cómo los líderes, equipos, familias, comunidades y organizaciones son exitosos.

## ¿QUÉ TAN COMPROMETIDO ES TU EQUIPO?

La segunda herramienta de comunicación es **el compromiso**. El compromiso incluye el diálogo, la reflexión y el feedback. El compromiso crea un impulso para la acción. En la Biblia, Eclesiastés 3:7b dice que hay un tiempo para el silencio y hay un tiempo para hablar[81]. Kouzes y Posner (2011) dicen que el liderazgo es un diálogo, no un monólogo (36). Un líder sabio sabe cuándo escuchar y cuándo participar en un diálogo, reflexión y feedback. En el libro *Pedagogy of the Oppressed*, Freire (2009) llama el liderazgo comprometido algo revolucionario. El compromiso lleva a la gente transformar su pensamiento a través de provocar sus poderes innovadores para crear cambio.

Los grandes comunicadores comprometen a sus equipos en la visión de la organización a través de la escucha activa y preguntas reflexivas. Quieren ser parte de un propósito mayor que se realiza juntos, no algo escrito y emitido por el líder. Los equipos experimentan el silencio organizacional cuando el compromiso y la colaboración del equipo no están presentes y las estructuras jerárquicas lo están dirigiendo todo. Los expertos en el liderazgo organizacional están de acuerdo de que se obstaculizan la creatividad, la adaptación y el cambio cuando los empleados sienten que no se escucha su voz y no se honran sus ideas (Bisel & Arterburn, 2013).

Otra condición del silencio organizacional es algo llamado el *Mum Effect* (el efecto silencioso). Los miembros del equipo que tengan la habilidad analítica o estratégica para prever un naufragio mantendrán el silencio en una organización que no apoya el compromiso. La crisis de la Deepwater Horizon el golfo de México y la explosión del

---

[81] "un tiempo para callar, y un tiempo para hablar" (NVI).

transbordador espacial Challenger en 1986 son excelentes ejemplos de lo que puede suceder cuando el silencio organizacional está presente. Si sospechas que haya silencio organizacional en tu organización, ve la película Apollo 13 con tu equipo y después ten una conversación sobre esta con ellos. Puede que te sorprenda lo que encuentres.

El silencio organizacional también puede resultar a causa de errores de comunicación. ¿Alguna vez has tenido una conversación en persona o a través de correo electrónico que fue malentendido? Si eres ser humano, seguramente has tenido esta experiencia.

Lo desafortunado de los errores de comunicación para los líderes es que es posible que los miembros del equipo no se sientan cómodos al abordar la confusión, la ofensa o el descuido. Recientemente tuve un intercambio de correos electrónicos con un Jefe de Distrito que tenía la posibilidad de arruinar nuestra relación profesional.

Cada mes envío un análisis de lo que está haciendo nuestro departamento a varios líderes en nuestra organización. Cada líder lo revisa y responde conformemente. Una vez, recibí una confirmación de lectura que dijo: "Was deleted without being read on Friday, September 26, 2014 8:40:39 PM (UTC) Monrovia, Reykjavik" (Se borró sin leerse, viernes el 26 de septiembre de 2014 8:40:39 PM (UTC) Monrovia, Reikiavik).

Esto lo encontré extraño, porque este líder en particular siempre fue extremadamente positivo y responsivo a mis correos electrónicos. A lo mejor fue un error de sistema. La segunda vez que esto sucedió tuve que decidir si iba a actuar sobre la emoción y sentirme mal y dejar de hablar con esta persona, O abordarme el error de sistema. Si hubiera actuado sobre la emoción, pudiera haberme ofendido y distanciado, quizás compartiendo el incidente con otros miembros del equipo de una manera pasivo-agresiva: "Hola a todos, Gracias por responder a mis correos electrónicos…a algunos les gusta borrarlos". Dado que eso no hubiera sido algo que construyera una relación ni tampoco fuera algo inteligente emocionalmente como líder, elegí hablar directamente con la persona que borraba los mensajes.

Este líder y yo aún nos reímos de esto y qué tan fácilmente la comunicación puede causar malentendidos. Nosotros agradecemos que me encargué de hablar con él en vez de fingir que las cosas no sucedieron. El proceso de nuestra conversación construyó cierta confianza entre nosotros en el lugar de trabajo y ahora sabemos con certeza que si hubiera otro error, podríamos hablar sobre el asunto con la otra persona sin vacilación. La comunicación abierta y comprometida desvía el conflicto y abre el camino hacia el éxito.

¿Puedes pensar en alguien con quien hayas tenido algún error de comunicación? A lo mejor esa persona no tiene ninguna idea de que te haya ofendido. Los errores comunicativos son una amenaza a nuestras relaciones profesionales cuando nos convertimos en escritores de historias ficticias de la vida de otra persona porque elegimos leer entre las líneas de la comunicación verbal o no verbal. Los Líderes Pivote se atienen a los hechos, van directamente a la fuente y siempre buscan la verdad para que los equipos estén unidos y alineados para el éxito.

## ¿CÓMO DEFINES EL CONSENSO?

Hace pocos años atrás, después de tomar la evaluación 360 Leadership Assesment de un instituto que se llama el Institute for Spiritual Leadership Training, me di cuenta de que había creado algunos patrones de comunicación no escritos y no intencionales con mi equipo que obstaculizaba la participación y el compromiso.

Veinticinco miembros del equipo, incluso miembros del liderazgo, me evaluaron anónimamente sobre veinticuatro rasgos de carácter. (La verdad, esta evaluación no es para los débiles de corazón).

Los resultados mostraron que recibí una calificación superior al promedio con respecto a la creación de diálogo, la reflexión y la creación de un espacio colaborativo y seguro para mi equipo. Todo esto esperaba ver porque son cosas que me importan mucho. Lo que me sorprendió fue que se me calificó bajo el promedio en la categoría llamada "imparcial." La descripción de imparcial escrita por mis asesores incluyó: escuchar, incluir y actuar sobre los comentarios y las ideas del equipo o de los colegas. Mi equipo estaba de acuerdo de que estaba abierta a la discusión, pero que yo tomaba decisiones unilateralmente con respecto a la misión y los objetivos del equipo. No me veían como imparcial.

No lo pude creer cuando lo leí. Mi intención era comprometer a mi equipo en el proceso de tomar decisiones. Al final, mi falta de comunicación sobre cómo y por qué había tomado una decisión final resultó que mi equipó sentía que no valía la pena compartir sus opiniones. Si no hubiera utilizar sus comentarios e ideas, ¿por qué compartirlos? Había creado el silencio organizacional a través de mi comunicación no escrita y no intencional sin saberlo.

El compromiso resulta en el consenso. El consenso es el puente que cruzas para realizar tus objetivos de manera eficaz. Como líderes, tenemos que estar seguros de que tengamos la definición correcta de consenso. En la historia que acabo de contar, estaba participando en diálogo y colaboración con mi equipo, pero tomaba decisiones unilaterales sobre nuestra dirección y cómo íbamos a llegar ahí. Mi equipo se sentía ignorado.

Llegar al consenso requiere más del diálogo, la reflexión y la colaboración. Requiere un líder realmente humilde y confidente para fortalecer un consenso en el equipo. La mayoría de los líderes llegan a la reunión del equipo con una idea. Para el líder, consenso suele significar "convencer a todos de mi idea." Desafortunadamente, es posible que esto no sea la mejor solución para tu equipo o para la misión de tu organización. Tener la habilidad para ofrecer tu idea, pero escoger la idea de otra persona requiere mucha inteligencia y exige mucho valor. Entender la definición verdadera de consenso es imperativo para la Comunicación Pivote.

## ¿TIENES UNA ESTRATEGIA DE COMUNICACIÓN?

Finalmente, la buena comunicación es algo intencional. Nuestra motivación para la acción, la productividad, la estrategia y los resultados puede ser el catalizador o el matador de la buena comunicación.

Si la tiranía de lo urgente nos posee, lo que nos captará la atención y el tiempo será algo como el siguiente correo electrónico, llamada por teléfono o simulacro de incendio. Nos olvidaremos de hacer planes para momentos de comunicación para construir camaradería, crear e innovar, hacer estrategias, clarificar las expectativas y celebrar. Los Líderes Pivote son intencionales cuando comunican la visión cada año, mes, semana y día. La comunicación intencional es consistente, centrada en la calidad y no la cuantidad, y alineada con la misión y visión de la empresa. Por lo general, tu comunicación debería caber en estas cuatro estrategias: Haciendo planes y metas, el entrenamiento, la narración y el reconocimiento. Leerás más sobre estas estrategias de la comunicación intencional en los capítulos: *Equipo, Tu propio Hombre Número Doce,* y *Viviendo tu última saga.* Pero por mientras, me gustaría mencionar la importancia de la narración para la Comunicación Pivote.

La narración es vital para la comunidad que sirves. Cuando la gente recibe la oportunidad para compartir la historia, los éxitos y los fracasos del equipo y la comunidad, se forman alianzas sobre una identidad de interés (Morgan, 2006). Se acoge la dependencia mutua de los puntos fuertes y habilidades de cada miembro del equipo, y así la gente está unida en el propósito. Como los planes, la definición de metas, el entrenamiento y el reconocimiento, la narración tampoco sucederá sin la intencionalidad. Sin intencionalidad no hay Comunicación Pivote.

## ¿CUÁLES SON LOS ATRIBUTOS DE LA COMUNICACIÓN PIVOTE?

Hay **tres atributos del liderazgo** que crean un ambiente para la escucha activa, el compromiso y la intencionalidad: **la empatía, la humildad** y **la competencia.**

## ¿TIENE ALGÚN LUGAR LA EMPATÍA EN LA COMUNICACIÓN DEL LUGAR DE TRABAJO?

¿Crees que la empatía tiene un rol en la comunicación del lugar de trabajo? Considera qué ofrece la empatía a tus habilidades de escucha activa. La empatía es la intención de mostrar respeto y honra por los sentimientos, emociones o ideas de alguien, aunque sean completamente diferentes a los del oyente. La empatía rehúsa escribir la historia de alguien a través de decirle cómo sentirse o cómo comportarse. La empatía no le dice a nadie cómo debería sentirse. La empatía entiende que las creencias fuertemente sostenidas y sistemas de valores se derivan de las diferencias de personalidad y cultura, y la empatía honra la diversidad que ofrece su proceso de decidir al grupo.

A través de la escucha activa, la empatía le da al hablador una voz para compartir y recibir sin ser atacado si sus ideas no combinan perfectamente con las de los otros miembros del equipo. La empatía entiende que el hablador no quiere arreglarse; esa persona quiere escucharse. Cuando mostramos el respeto y la honra a otros a través de la empatía, construimos relaciones a través de mostrar que es importante para nosotros. La Comunicación Pivote requiere la empatía.

## ¿CÓMO LIDERA LA HUMILDAD?

La humildad es necesaria para la comunicación y la escucha activa. Seamos realistas, la humildad es como su amiga, la empatía, y muchos líderes no la encuentra como una característica de liderazgo muy sexi. Es posible que vayas a querer alejarte de esta palabra después de leer algunos sinónimos de "humildad": docilidad, modesto, auto-ocultado, etc. A veces la humildad puede parecer como la historia de Cenicientas – dejada atrás para limpiar la cocina mientras las hermanastras feas y antipáticas van al baile formal por una noche para bailar y para el romance. La humildad no es nuestro primer instinto humano. No obstante, puede serlo si entendemos y aplicamos la definición correcta.

Para ser realmente humilde, necesitas confiar en tu habilidad para liderar. Tu habilidad para liderar está compuesta de tu carácter, tus puntos fuertes y tus talentos. Cuando sabes quién eres y actúas sobre tu verdadero ser, la comunicación con humildad te vendrá de forma natural. Lo opuesto de la humildad es la arrogancia y el orgullo. Caemos en la trampa de arrogancia y orgullo cuando cuestionamos nuestros puntos fuertes y nuestros talentos y nos comparamos con los demás. ¿Crees que la arrogancia y el orgullo son buenos comunicadores? Claro que no. La humildad es una de las claves para la Comunicación Pivote excepcional.

## ¿COMUNICA CON PROPÓSITO Y UNA DIRECCIÓN CLARA TU LIDERAZGO?

Los líderes competentes son intencionales cuando comunican una dirección clara. Kouzes y Posner (2007) dijeron que para inscribirse en una causa común, la gente tiene que creer que el líder es capaz de guiarlos hacia donde van. Es necesario que vean que el líder tenga la experiencia pertinente y buen juicio[82] (p. 35). La empatía y la humildad son importantes para la escucha y participación en conversación, pero no son lo suficiente como para cumplir objetivos con respecto a la comunicación del equipo. Los equipos necesitan un comunicador competente. Ser competente no significa que seas perfecto, sino que significa que eres hábil y capaz de comunicar la dirección de tu organización.

---

[82] "To enlist in a common cause, people must believe that the leader is competent to guide them where they're headed. They must see the leader as having relevant experience and sound judgment."

En su libro *Next Generation Leader*, Andy Stanley (2003) escribe que la meta del liderazgo no es erradicar la incertidumbre, sino que navegarlo. La incertidumbre es un componente de cada ambiente que requiere el liderazgo[83] (p. 84). El papel del líder es mostrar el destino en el mapa y dejar que la tripulación ayude a navegar las agua para llegar allí.

Cuando era joven, nuestra familia navegaba en bote. Mi padre, el "capitán", convocaba reuniones con la "tripulación" antes de cada viaje. El capitán comunicaba el destino y la tripulación participaba en la creación del plan para llegar al destino y quién iba a ocuparse de algunas responsabilidades específicas. Mi hermano y mi madrastra (y más tarde mi esposo y mis hijos) siempre se ofrecieron para la navegación, los mapas, las velas y el acoplamiento. Aunque mi tarea favorita era levantar las velas, no me molestaba dar este trabajo a otra persona para enfocarme en la "Moral de la tripulación": ¡la comida, la diversión y el entretenimiento! Necesitaba un asistente y siempre pude contar con mi hermana para ayudar.

Con la mayor experiencia en la navegación, el capitán siempre revisó nuestro plan e hizo preguntas para clarificar dudas o dio consejos para un viaje exitoso. Si necesitábamos modificar la ruta, siempre fueron las habilidades del capitán que nos alejaron de aguas peligrosas. Sabiendo que el capitán era capaz para dirigir el viaje ayudó a la tripulación a sentirse segura y confidente. Nunca dudamos que hubiéramos llegado a nuestro destino, independientemente de las modificaciones de ruta que hubiéramos hecho durante el viaje.

Los Líderes Pivote son como el capitán del barco. El éxito vendrá de tu habilidad para unirte con las tres herramientas de la Comunicación Pivote: **el escuchar, el compromiso** y **la intención** con tus atributos de liderazgo personal de **la empatía, la humildad** y **la competencia**.

---

[83] "The goal of leadership is not to eradicate uncertainty, but rather to navigate it. Uncertainty is a component of every environment that calls for leadership."

# LA COMMUNIDAD
# PIVOTE

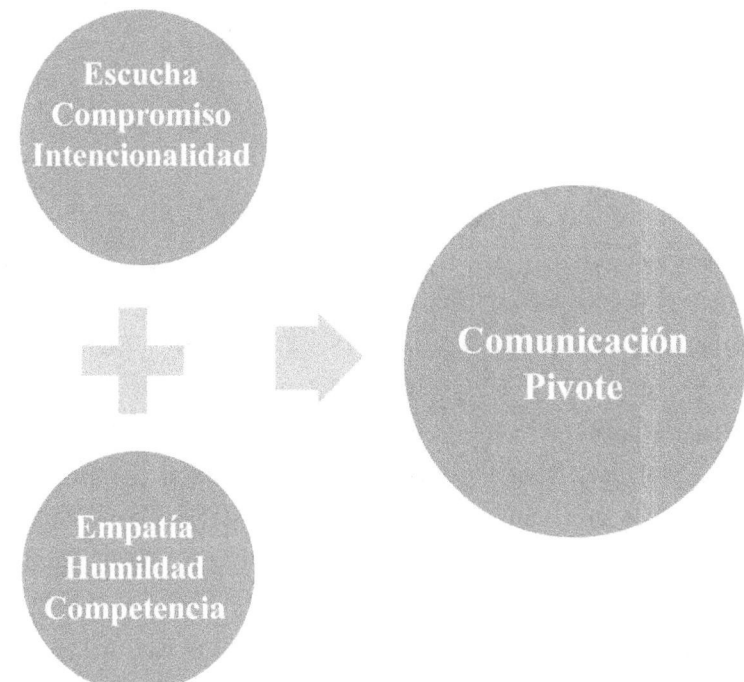

Escucha
Compromiso
Intencionalidad

+ →

Comunicación
Pivote

Empatía
Humildad
Competencia

# ACTIVIDAD DE ACCIÓN

*La gente escucha cuando a ellos se escuchen también*[84].

-Angela Craig

## EL PENSAMIENTO PIVOTE DEL LÍDER

¿Qué te llamó la atención en este capítulo? ¿Cuáles palabras, frases u oraciones destacaste o encerraste en un círculo? ¿Qué tipo de recordatorio o apuntes escribiste en los márgenes de la página?

En las líneas abajo, escribe algunos pequeños cambios que te gustaría hacer que transformarán la comunicación de tu equipo, organización o familia.

_____

_____

_____

_____

_____

_____

_____

_____

_____

_____

## ACTIVIDAD EN EQUIPO: BUSCA ENTENDER ANTES DE SER ENTENDIDO

En su libro *The 7 Habits of Highly Effective People* (2014), el Dr. Stephen Covey afirma que la gente tiende a escuchar y comunicar autobiográficamente, que significa que escuchamos con la intención de responder. Puede que nuestra intención sea responder con una solución a su problema, o simplemente estemos esperando la oportunidad para dar nuestra propia perspectiva. Independientemente, la mayoría de los humanos quieren ser escuchados. La comunicación autobiográfica parece ser algo natural para nosotros. Covey enumera cuatro respuestas de la escucha autobiográfica:

---

[84] "People will listen when they are listened to."

| | |
|---|---|
| **Evaluar:** | Evalúas y estás de acuerdo o no. |
| **Explorar:** | Haces preguntas desde tu marco de referencia. |
| **Aconsejar:** | Das consejos y soluciones a problemas. |
| **Interpretar:** | Analizas los motivos y el comportamiento de los demás basados en tus propias experiencias. |

Tres habilidades de escucha principales pueden servir de contrapeso a nuestra escucha autobiográfica: la clarificación, la conexión de metáforas y el reconocimiento. Estas habilidades fuerzan al oyente a enfocarse y descifrar la intención del hablante.

**Clarificación:** Haz una pregunta fortalecedora que clarificará la dirección de la conversación, y después vuelve a escuchar. Al pedir un ejemplo o ilustración, o simplemente al expresar tu interés y deseo de entender totalmente la información que la persona está intentando expresar al grupo, estás clarificando. Esto es un ejemplo de una pregunta clarificadora: *Quiero estar seguro de que entiendo lo que estás diciendo. ¿Puedo parafrasear lo que he escuchado hasta entonces?*

**Conexión de metáforas:** Esto es un desafío divertido. Por ejemplo, si la persona está trabajando durante largas horas y luchando para encontrar una solución para algún proyecto...pudieras decir algo como: *es como la arena movediza.*

**Reconocimiento:** Sé la voz de los puntos fuertes y capacidades del hablante, celebrando lo que ofrecen al equipo. Tu reconocimiento aportará valor y confianza y resultará en la colaboración en tu equipo. Por ejemplo: *agradezco el tiempo que se ha tomado para planificar el proceso.*

# ACTIVIDAD EN EQUIPO: PLAN DE REUNIÓN

Durante tu siguiente reunión programada regularmente, haz los siguientes pasos:

1. En una hoja de papel, **imprime** una lista de las cuatro respuestas de escuchar autobiográficas y las palabras de Comunicación Pivote: escuchar, comprometer, intencional, humildad, empatía, competente.

El Dr. Covey (2014) da una lista de cuatro respuestas de escuchar autobiográficas:

**Evaluar:**          Evalúas y estás de acuerdo o no.

**Explorar:**          Haces preguntas desde tu marco de referencia.

**Aconsejar:**          Das consejos y soluciones a problemas.

**Interpretar:**          Analizas los motivos y el comportamiento de los demás
                    basados en tus propias experiencias.

2. **Al otro lado de la hoja, imprime** tres habilidades para escuchar que contrapesan a la escucha autobiográfica: clarificar, conectar metáforas y reconocer.

3. **Guarda** una copia para ti, y **da** una copia a cada miembro del equipo.

4. **Indica** a tu equipo para dejar una marca como X al lado de las palabras evaluar, explorar, aconsejar o interpretar cada vez que se encuentren respondiendo de estas maneras a alguien que está hablando (internamente o verbalmente). Usa el mismo método de seguimiento con las palabras de Comunicación Pivote que se enumeran en Paso 1 de esta actividad.

5. **Indica** a tu equipo para escribir las iniciales de cualquier miembro del equipo quien responde utilizando el evaluar, el explorar, el aconsejar y el interpretar en vez de escuchar cuando otro miembro del equipo está hablando. Usa el mismo método de

seguimiento con las palabras de Comunicación Pivote que se enumeran en Paso 1 de esta actividad.

6. Antes de, durante y después del ejercicio, **reconoce y agradece a todos los miembros del equipo** por su participación, autenticidad y humildad. El reconocimiento inspira a los equipos para ser abiertos y honestos con respecto a sus errores y sus éxitos en futuras reuniones.

7. Como líder del equipo, es posible que quieras tomar apuntes de frases conmovedoras que serían buenos ejemplos de la escucha autobiográfica o de la Comunicación Pivote eficaz.

**Al final de la reunión, conversa con el equipo sobre estas preguntas:**

1. *¿Qué aprendiste más con respecto a tus habilidades comunicativas personales?* Dale la oportunidad para responder libremente a cada miembro del equipo.

2. *¿Qué aprendiste con respecto a la manera en que comunica tu equipo?* Dale la oportunidad para responder libremente a cada miembro del equipo.

3. **Repasa** las tres habilidades principales que contrapesan nuestra escucha autobiográfica: clarificar, conectar metáforas y reconocer.

4. Utiliza este ejercicio en futuras reuniones para animar a los miembros del equipo en el crecimiento de la comunicación. No habrá cambio sin practicar.

# CAPÍTULO SIETE

## TU PROPIO HOMBRE NÚMERO 12

*El 12th Man tiene un impacto inigualable en los días de juego*[85].
-Pete Carroll

Ruidosos y orgullosos, los fanáticos de fútbol americano, (también llamados Twelfth Man, u Hombre Número 12), dan una ventaja de estar corriendo en casa a los once jugadores que están en el campo de fútbol. Se da esta ventaja a través de su lealtad y dedicación al equipo y el partido.

## ¿QUIÉN ES TU 12TH MAN?

El 12th Man del líder suele ser su equipo. El "impacto inigualable" de tu equipo, o su habilidad de realizar los objetivos y misiones de la organización, depende a gran escala de la cultura del equipo. La cultura determinará tu futuro. Tu cultura está compuesta de creencias compartidas, valores compartidos y un propósito compartido (Morgan, 2006). La cultura afecta a la productividad, la comunicación, la innovación, la creatividad, la motivación, la satisfacción laboral y la longevidad. Se da por hecho la cultura en la mayoría de las organizaciones. Muchos líderes creen que un sueldo y un buen paquete de beneficios son lo suficiente para mantener una buena moral del 12th Man. Si observas alrededor, ¿qué tipo de cultura ves?

¿Tiene un "impacto inigualable" tu 12th Man? ¿Son leales y están dedicados a la misión y los objetivos de tu empresa? ¿Hay una cultura de compañerismo y colaboración? Si hay un jugador herido en el campo, ¿hay otro jugador que está listo esperando al margen? O, ¿solo buscan éxito personal tus jugadores, preguntándose si otro equipo mejor va a ofrecerles algo mejor?

---

[85] "The 12th Man has an unparalleled impact on game days."

Si por curiosidad quieres saber más sobre la cultura de tu organización, puedes examinarla a través de ser un forastero por un día. Observa las historias que se cuentan en la cafetería. ¿Se le interesan a la gente los proyectos en los cuales está trabajando? O, ¿les interesa más la hora del día? ¿Cómo se hacen las reuniones? ¿Se comparte el poder entre pocas personas? ¿Cómo es el ambiente físico? Dado que la gente pasa más tiempo en el lugar de trabajo que en casa, ¿hay espacios diseñados para la creatividad y la colaboración? Después de analizar la cultura actual de tu organización, puedes determinar los pasos necesarios que necesitas tomar para pivotar tu negocio de bueno a excelente a través de crear una cultura del 12th Man.

## ¿CÓMO PUEDO CREAR UNA CULTURA 12TH MAN?

Se puede construir una cultura 12th Man a partir de los valores de sociedad y un espíritu colaborativo. La tarea para el líder es promover alianzas (compromiso) y colaboración a través de proporcionar un ambiente de dignidad, empoderamiento y reconocimiento.

## DEBERÍA VERSE MÁS O MENOS ASÍ...

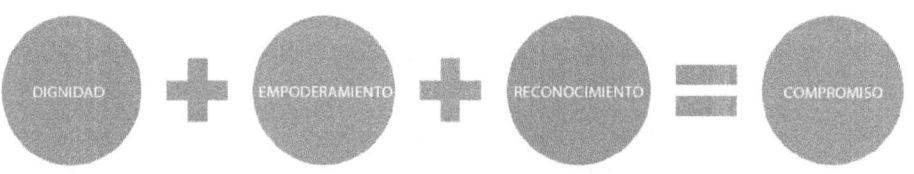

## DIGNIDAD
### ¿QUÉ SIGNIFICA LA PALABRA "DIGNIDAD" PARA TI?

La necesidad innata de sentir valor personal y en general se llama la dignidad (Hicks, 2011). Ofrecer la dignidad es la primera clave para liberar el potencial de los colegas, resolver conflictos y también para crear confianza y colaboración. Como líderes, podemos mostrar el valor de una persona a través del empoderamiento y el reconocimiento.

El éxito empresarial sucede cuando los recursos humanos son la primera prioridad de la organización y no la última. Cuando ves a las organizaciones que tienen crecimiento económico y global duraderos, encontrarás la dignidad, el empoderamiento y el reconocimiento como parte de sus valores principales y su patrimonio.

Un buen ejemplo es Starbucks Coffee. ¿Cómo comenzó como un pequeño café en el mercado Pike Place en Seattle, pero ahora tiene 21.000 tiendas en más de 65 países (Starbucks 2014)? El director general, Charles Schultz, te diría que el secreto del imperio de café Starbucks está en la conexión única de confianza que hay entre la organización y sus empleados llamados "partners", o socios. Schultz (2008) dice que su declaración de misión que estableció que querían tratar a la gente con respeto y dignidad no solamente son palabras, sino un credo, y viven según ese credo todos los días. No puedes esperar que vayan a sobrepasar las expectativas de tus clientes si tú no sobrepasas las expectativas que los empleados tienen de la administración[86] (Schultz, 2008). Para Starbucks, los recursos humanos son la primera prioridad, y ha valido la pena.

Otro líder duradero de la cultura 12th Man es Hewlett-Packard. Hewlett-Packard lo llama el estilo HP. En su libro *In Search of Excellence* uno de los fundadores de la empresa de electrónicas William Hewlett da ideas excepcionales de cómo hacer que la dignidad sea tangible para los equipos y los empleados.

*La dignidad y el valor del individuo es una parte muy importante del estilo HP. Con esto en mente, hace muchos años atrás, nos deshicimos de los relojes de fichar, y más recientemente introducimos el programa de flexibilidad de horas de trabajo. Esto tiene el propósito de expresar la confianza que tenemos en los empleados, y también tiene el propósito de darles la oportunidad de ajustar sus horarios para funcionar mejor con sus vidas personales. Muchas personas que son nuevas en HP y también los visitantes notan y comentan sobre otro estilo HP: nuestra informalidad y que nos conocemos por nombre. Podría dar más ejemplos, pero el problema es que ninguna sola puede demostrar la esencia del estilo HP. No puedes describirlo en números ni estadísticas. En el último análisis, es un*

---

[86] "Our mission statement about treating people with respect and dignity is not just words but a creed we live by every day. You can't expect your employees to exceed the expectations of your customers if you don't exceed the employees' expectations of management. That's the contract" (Schultz, 2008).

*espíritu y punto de vista. Hay el sentimiento que cada persona es parte de un equipo, y ese equipo es HP. Es una idea que se basa en el individuo*[87] (Bolman & Deal, 2008, p. 362).

## EMPODERAMIENTO

## ¿CUÁLES SON LAS MANERAS TANGIBLES DE LAS CUALES PUEDAS DAR FUERZA A TU EQUIPO O COLEGAS?

El estilo HP no solamente les da dignidad a los empleados, sino que también les da fuerza al permitirles tener autonomía, influencia personal y recompensa intrínseca, lo que los expertos en liderazgo Bolman y Deal (2008) dicen promueve la participación y el compromiso. En su libro *Drive*, Daniel Pink (2013) nombra tres temas semejantes de la motivación: autonomía, dominio y propósito. Estas tres herramientas del empoderamiento tienen los valores intrínsecos que motivan a una persona desde adentro. La autonomía da la libertad para la autodirección para los miembros del equipo. La autonomía es la capacidad de hacer decisiones uno mismo. Cuando los líderes les dan la habilidad de hacer sus propias decisiones a sus colegas, están comunicando que tienen fe en su capacidad para tener éxito y brillar. Pero si los líderes tratan a su equipo como si fueran niños, se comportarán como niños (Bolman & Deal, Reframing organizations: Artistry, choice and leadership, 2008).

El dominio es la habilidad de brillar en el área de puntos fuertes y capacidades que se han dado a un individuo. El dominio no es la habilidad de superar las debilidades. Ser capaz de hacer la tarea que se nos ha dado contribuye a nuestra motivación, satisfacción laboral y dedicación al proyecto. El dominio requiere comunicación consistente entre empleador y empleado para asegurar que el empleado se sienta confidente en el trabajo que tiene.

Si el empleado siente que el trabajo va más allá de su nivel de habilidad, este se sentirá vencido, derrotado y desmoralizado, ninguno de los cuales contribuyan al

---

[87] "The dignity and worth of the individual is a very important part of the HP Way. With this in mind, many years ago we did away with time clocks, and more recently we introduced the flexibility work-hour program. This is meant to be an expression of trust and confidence in people, as well as providing them with an opportunity to adjust their work schedules to their personal lives. Many new HP people as well as visitors often note and comment to us about another HP Way – that is, our informality and our being on a first-name basis. I could cite other examples, but the problem is that none by itself really catches the essence of what the HP Way is all about. You can't describe it in numbers and statistics. In the last analysis, it is a spirit, a point of view. There is a feeling that everyone is part of a team, and that team is HP. It is an idea that is based on the individual."

crecimiento del negocio. El Capítulo Cuatro, "Equipo – haciéndose una comunidad de propósito", le ofrece al líder reglas generales tangibles para desarrollar los puntos fuertes de su equipo.

Las empresas dirigidas con un propósito tienen una ventaja competitiva. El propósito es lo que libera el potencial escondido y ayuda a la gente a levantarse por la mañana. El propósito es lo que le da significado a la vida. Superviviente del Holocausto, neurólogo y psiquiatra Viktor Frankl (1992) escribió que la mayor tarea para cualquier persona es encontrar el significado de su vida (p. 28). Frankl veía tres fuentes posibles para el significado: en trabajo (hacer algo significante), en amor (cuidar de otra persona) y en el coraje durante tiempos difíciles[88] (Frankl, 1992, p. 28). En el negocio, se encuentra tu propósito por medio de hacer esta pregunta: ¿Qué tipo de problema solucionamos para las personas a las que servimos? De ahí puedes construir tu misión sobre ese propósito.

Toma un par de minutos para considerar esa pregunta:

## ¿QUÉ TIPO DE PROBLEMA SOLUCIONAMOS PARA LAS PERSONAS A LAS QUE SERVIMOS?

_____

_____

_____

_____.

Zappos y Southwest Airlines son ejemplos de empresas dirigidas con un propósito. Zappos, un detallista de zapatos online tiene el propósito de brindar la felicidad ("delivering happiness"). Zappos brinda la felicidad con su excelente servicio al cliente.

A veces ellos sorprenden a sus clientes con envíos de la noche a la mañana gratis. Su Director General Tony Hsieh dice que es equivocado trabajar por un sueldo, o también una fortuna. La asunción que está y que tiene nuestra sociedad en general es que más dinero significa más felicidad, y todas las investigaciones han mostrado que es verdad hasta cierto punto, hasta que puedas lograr tus necesidades básicas, pero hay otras cosas que tienen

---

[88] "Frankl saw three possible sources for meaning: in work (doing something significant), in love (caring for another person), and in courage during difficult times."

mayores efectos en tu felicidad que el dinero[89] (Editors, 2010). Tony Hsieh cree que una empresa necesita tener un mayor propósito. Cuando él comunicó el mayor propósito de brindad la felicidad, sucedió algo interesante: Según Hsieh en una entrevista con Big Think Editors, se encontró que de repente los empleados estaban mucho más apasionados por la empresa mucho más comprometidos y cuando llamaban los clientes, se podía sentir que la personalidad al otro lado del teléfono no estaba allí solo por un sueldo, sino que esa persona realmente quería proveer buen servicio, y cuando los vendedores venían a las oficinas para visitar, ellos querían quedarse un rato más y querían visitar más frecuentemente[90]. El propósito ha valido la pena para Zappos, que lleva seis años en la lista de las 100 mejores empresas para trabajar de Fortune Magazine (Fortune, 2014).

Southwest Airlines tiene una manera especial en que hacían que sus clientes se sienten celebrados. Lo atribuyo a su cultura de propósito. Su propósito es conectar a la gente a lo que es importante en sus vidas a través de transporte aéreo amable, confiable y asequible[91] (Southwest, 2014). Algunos de los valores que muestran este propósito son: un espíritu guerrero, un afán de servir, y una actitud divertida (Southwest, 2014).

Inculcados de estos valores, los empleados de Southwest Airlines realizaron su misión empresarial cuando hicieron una boda sorpresa en vuelo, incluyendo invitaciones, música y bebidas para sus clientes leales, Keith y Dotty, quienes habían acumulado casi un millón de millas de viajero frecuente. ¡Eso es un ejemplo de "dar un paso más" para conectar a la gente con lo importante en sus vidas! Puedes ver videos que demuestran el espíritu de propósito de Southwest Airlines en el canal YouTube "NutsAboutSouthwest".

---

[89] "Working for a paycheck, or even for a fortune, is misguided, [...] The default assumption that I had and that our society in general has is more money equals more happiness, and all the research has shown that that's true up to a point, up until you can get your basic needs met, but then really there is other stuff that has a much bigger impact on your happiness besides just money."

[90] "We found that suddenly employees were a lot more passionate about the company, a lot more engaged, and when customers called, they could sense the personality at the other end of the phone wasn't there just for a paycheck, but really wanted to provide great service, and when vendors came into our offices to visit us, they wanted to stay longer and visit more frequently."

[91] "connect people to what's important in their lives through friendly, reliable, low-cost air travel"

# RECONOCIMIENTO

## ¿SIENTES QUE RECIBES SUFICIENTE RECONOCIMIENTO EN TU LUGAR DE TRABAJO?

El instructor de una clase que tomé nos preguntó: ¿Sienten que reciben suficiente reconocimiento en tu lugar de trabajo? Solamente uno de treinta y cuatro líderes en la clase de entrenamiento levantó la mano. Lamentablemente, muchas de las personas en el aula eran líderes en mi organización. Esta pregunta me causó dar una mirada más profunda a la importancia del reconocimiento. Quería saber qué efectos tenía el reconocimiento en el éxito y la satisfacción en el lugar de trabajo. Lo que encontré es que el reconocimiento tiene que ver con algo más que el dinero o una palmada en la espalda. Su propósito tiene un mayor significado que motivar a los empleados a realizar los objetivos de una organización. El reconocimiento no solamente afecta el éxito y la satisfacción en el lugar de trabajo, sino que también tiene un considerable impacto en nuestra identidad humana.

Examinada cuidadosamente, la necesidad humana del reconocimiento es inherente a todos. En su libro *Here and Now: Living in the Spirit,* Henri Nouwen escribió que una de las tragedias de nuestra vida es que nos olvidamos constantemente de quiénes somos[92]. El reconocimiento tiene el poder de recordar a las personas quiénes son por medio de mostrarles que se las valora y que tienen valor – esto es el regalo de la dignidad. El reconocimiento es una manera de dar atención al significado de las contribuciones de una persona al bien de una organización y el mundo entero. Esto es por qué creo que cuando se da reconocimiento consistentemente, será la clave para liberar el potencial humano y la buena comunicación, y también para fortalecer la confianza y la colaboración y a la vez reducir la rotación de empleados en tu organización.

Datos recientes coleccionados por Gallup Research (2010) confirman que la esperanza y la dignidad de un empleado están interrelacionadas con el elogio y el reconocimiento que recibe un individuo. Estos datos están apoyados por teorías sociales y políticas antiguas sobre el reconocimiento definidas por los filósofos Charles Taylor y Georg Wilhelm Friedrich Hegel que enfocan en el papel del reconocimiento en la identidad del

---

[92] "One of the tragedies of our life is that we keep forgetting who we are."

individuo, el autoconocimiento y la motivación hacia acciones u objetivos específicos (McQueen, 2014).

Taylor (1997) escribió que el debido reconocimiento no es solamente una gentileza que le debemos a la gente. Es una necesidad humana vital[93] (p.99). La característica decisiva que ayuda a una persona a entender quién es se llama la identidad (Taylor, 1997). La tesis de las investigaciones de Taylor (1997) afirmar que la identidad se forma mediante el reconocimiento o el mal reconocimiento que recibe una persona, o que no recibe. El mal reconocimiento o la falta de reconocimiento puede causar un producto negativo emocional, distorsión de la verdad, aflicción de opresión, sentimientos deprecatorios no merecidos respecto al valor personal, todo lo cual puede evocar el miedo e instintos o acciones de pelea o huida (Taylor, 1997). Ninguna de las consecuencias del mal reconocimiento son cualidades que queremos de nuestros colegas, pero seguramente todos de nosotros las hemos visto todas.

En 2010, Gallup Research dio una encuesta Q[12] (imagen de la encuesta abajo) a más de 47.000 empleados de 120 organizaciones alrededor del mundo. Se preguntaron doce preguntas para evaluar el compromiso al trabajo (satisfacción) y bienestar. Las dos preguntas con los peores resultados cayeron en las categorías del reconocimiento: (1) *En los últimos siete días, he recibido reconocimiento o un elogio por haber hecho un buen trabajo*[94], y (2) *En los últimos seis meses, alguien en mi lugar de trabajo ha conversado conmigo sobre mi progreso*[95]. Los resultados indican que los comentarios y el reconocimiento tienen un papel importante en el éxito y desempeño del empleado, y al final, de la organización (Gallup, 2010). Resumidas cuentas: La gente no está recibiendo suficiente reconocimiento en el lugar de trabajo.

---

[93] "Due recognition is not just a courtesy we owe people. It is a vital human need."
[94] 1) "In the last seven days, I have received recognition or praise for doing good work"
[95] 2) "In the last six months, someone at work has talked to me about my progress."

# ¿CÓMO SE VE EL 'BUEN TRABAJO'?

| | | |
|---|---|---|
| **Crecimiento:** | Oportunidades para aprender y crecer<br>Progreso en los últimos seis meses | **¿Cómo crecemos?** |
| **Trabajo en equipo:** | Tengo un mejor amigo en el lugar de trabajo<br>Colegas comprometidos a la calidad<br>Misión/Propósito de la empresa<br>Mis opiniones cuentan en el lugar de trabajo | **¿Pertenezco aquí?** |
| **Contribución individual:** | Alguien promueve mi desarrollo<br>Al supervisor o alguien en el lugar de trabajo le importa<br>Reconocimiento en los últimos sietes días<br>Hacer lo que mejor hago todos los días | **¿Qué ofrezco?** |
| **Necesidades básicas:** | Materiales y equipo para hacer el trabajo<br>Se lo que se espera de mí en el lugar de trabajo | **¿Qué recibo?** |

Gallup es una empresa de investigación y también una empresa consultora. Gallup recoge datos para ayudar a empresas a superar los obstáculos que las impiden de funcionar con todo su potencial. En un estudio de seguimiento de la encuesta $Q^{12}$ dada en Loma Linda University Medical Center, Gallup Research mostró los efectos positivos de los cambios después de implementar un programa de reconocimiento en la estructura de la organización (Burger & Sutton, 2014). En el año 2013, los resultados del compromiso de los empleados subieron del percentil 20 a mayor del percentil 70, y la rotación de empleados se redujo un 50% (Burger & Sutton, 2014). ¡Eso es la magia del reconocimiento!

## ¿CÓMO PUEDO INCULCAR UNA CULTURA DE RECONOCIMIENTO EN MI ORGANIZACIÓN?

Hay dos tipos de reconocimiento diferentes: individual y del grupo. Se da el reconocimiento individual, por ejemplo, con un "gracias" personal, algunas palabras motivadoras o con una placa de reconocimiento. El reconocimiento del grupo se basa en la asociación de un individuo con una organización que haya tenido una historia exitosa. Se puede ver el reconocimiento del grupo en las empresas dirigidas con propósito como Zappos y Southwest Airlines.

Los empleados y los clientes quieren ser reconocidos en conexión con el nombre de la organización por su éxito y propósito. El reconocimiento individual y del grupo son motivadores de la identidad, los logros y el compromiso al trabajo y al voluntarismo.

La primera manera de inculcar una cultura de reconocimiento en tu organización es construir una organización de la cual tus empleados puedan estar orgullosos. Piensa en los equipos atléticos, y los equipos que tienen fanáticos que están dedicados y tienen un reconocimiento de la marca basado en carácter, propósito, trabajo en equipo, empoderamiento y reconocimiento de cada miembro del equipo y del personal, incluyendo los fanáticos. Pregúntate, ¿quieren ser reconocidos como miembros de nuestra organización nuestros empleados? ¿Están promoviendo lo que ofrece tu negocio durante sus días de descanso? ¿Se ponen ropa con la marca de la empresa?

Segundo, como líder de otras personas, tienes que estar comprometido al reconocimiento individual. El reconocimiento individual comienza con conocer a cada miembro del equipo y cómo a cada individuo le gusta ser reconocido. ¿Cara a cara o en privado? Por medio de tu inversión de tiempo en sus vidas, o un día de descanso extra para ir de compras para las vacaciones. Recomiendo el libro *The 5 Languages of Appreciation in the Workplace: Empowering Organization by Encouraging People* de Gary Chapman y Paul White. El sitio web que lo acompaña, Appreciation at Work (el agradecimiento en el lugar de trabajo) (www.appreciationatwork.com[96]) tiene un montón de evaluaciones y materiales de entrenamiento que puedes utilizar para identificar el tipo de reconocimiento quieren recibir tus colegas.

Después, establece un sistema de reconocimiento. Este sistema o programa se diseñará teniendo en mente la cultura y demográfica de tu organización. El sistema de reconocimiento que tiene mi equipo se basa en nuestros valores y nuestra misión. Yo invierto tiempo todos los días en el empoderamiento y el reconocimiento de los individuos cara a cara.

Semanalmente, comunicamos a través de un correo electrónico del equipo con actualizaciones sobre el progreso de nuestra misión y el reconocimiento de logros individuales del equipo. Cada mes tenemos una reunión en vivo (con Google Hangouts), dirigida por los miembros del equipo. Y, dos veces al año tenemos reuniones de planes del equipo que incluyen tiempo para la mejora de las capacidades, el fortalecimiento del equipo, el reconocimiento y el apoyo a través de la oración. La importancia de la vida fuera del lugar de trabajo: también se reconocen el trabajo voluntario, las aficiones, los cumpleaños y aniversarios, los bebés y los fallecimientos de familiares.

---

[96] Sitio web solamente en inglés

Como Líderes Pivotes, deberíamos invertir tiempo en la mercancía más importante del mundo: los seres humanos. Para terminar, quisiera alentarte con una cita de un hombre dedicado a la dignidad, el empoderamiento y el reconocimiento.

Lowell Milken, fundador de muchas organizaciones sin fines de lucro y también llamado uno de los filántropos más generosas de los Estados Unidos por Worth Magazine, dijo lo siguiente acerca de la humanidad (¡el recurso más importante del mundo!):

*Hay algo inherentemente optimista con respecto al hecho de que podemos crear y promover lo que necesita más nuestra sociedad para poder florecer. Y, en esta edad de incertidumbre, es bueno saber que no siendo nada finito y no renovable, el recurso más importante del mundo –el capital humano—no tiene límites y es generativo. Depende de nosotros aprovechar de esta oportunidad*[97].

Espero con ansiedad ayudarte a afinar tu sistema de reconocimiento en la actividad de acción a continuación, ¡en el cual crearás el equipo 12th Man con el que has soñado!

---

[97] "There is something inherently optimistic about the fact that we can create and foster what our society most needs in order to flourish. And in this age of uncertainty, it's a good thing to know that far from being finite and nonrenewable, the world's most important resource— human capital—is limitless and generative. It is up to each of us to make the most of this opportunity."

# ACTIVIDAD DE ACCIÓN

*El poder del reconocimiento es una de las fuerzas más fuertes para favorecer la acción humana y social. Sí, el reconocimiento es un motivador poderoso igualmente para los que lo reciban como para los que lo observen[98].*

-Lowell Milken

## EL PENSAMIENTO PIVOTE DEL LÍDER

¿Qué sobresalió en este capítulo? ¿Cuáles palabras, frases u oraciones destacaste o encerraste en un círculo? ¿Qué tipo de recordatorio o apuntes escribiste en los márgenes de la página? En las líneas a continuación, escribe algunos pequeños cambios que quisieras hacer para transformar tu equipo, organización o familia para siempre.

_____

_____

_____

_____

_____

_____

_____

_____

_____

_____

## UN BOSQUEJO DE LA ENCUESTA 12TH MAN

El primer paso para establecer tu sistema de reconocimiento es analizar las necesidades de reconocimiento de tus colegas y empleados. He creado una encuesta por muestreo que puedes usar. Agrega preguntas adicionales que sean aplicables a tu grupo u

---

[98] "The power of recognition is one of the strongest forces for stimulating human and social action. Yes, recognition is a powerful motivator—to those who receive it as well as those who observe it."

organización. Utilicé los Google Forms (Formularios de Google) para crear este documento. Es un servicio práctico y fácil de usar.

## ENCUESTA DE RECONOCIMIENTO
## [NOMBRE DEL NEGOCIO AQUÍ]

Tu opinión es muy importante para nosotros. Favor de tomar tiempo para completar las preguntas a continuación acerca del reconocimiento que recibes y cómo impacta tu trabajo en [NOMBRE DEL NEGOCIO AQUÍ].

Me siento personalmente apreciado por mis contribuciones.

|  | 1 | 2 | 3 | 4 | 5 |  |
|---|---|---|---|---|---|---|
| Totalmente en desacuerdo | ( ) | ( ) | ( ) | ( ) | ( ) | Totalmente de acuerdo |

Se me da reconocimiento y apreciación cuando hago buen trabajo.

|  | 1 | 2 | 3 | 4 | 5 |  |
|---|---|---|---|---|---|---|
| Totalmente en desacuerdo | ( ) | ( ) | ( ) | ( ) | ( ) | Totalmente de acuerdo |

El reconocimiento es importante para mí en el lugar de trabajo.

|  | 1 | 2 | 3 | 4 | 5 |  |
|---|---|---|---|---|---|---|
| Totalmente en desacuerdo | ( ) | ( ) | ( ) | ( ) | ( ) | Totalmente de acuerdo |

El sistema de reconocimiento actual es adecuado.

|  | 1 | 2 | 3 | 4 | 5 |  |
|---|---|---|---|---|---|---|
| Totalmente en desacuerdo | ( ) | ( ) | ( ) | ( ) | ( ) | Totalmente de acuerdo |

El reconocimiento por ir encima y más allá de lo pedido es importante.

|  | 1 | 2 | 3 | 4 | 5 |  |
|---|---|---|---|---|---|---|
| Totalmente en desacuerdo | ( ) | ( ) | ( ) | ( ) | ( ) | Totalmente de acuerdo |

Las fiestas de Navidad corporativas son una buena manera de demostrar el reconocimiento a los empleados.

|  | 1 | 2 | 3 | 4 | 5 |  |
|---|---|---|---|---|---|---|
| Totalmente en desacuerdo | (  ) | (  ) | (  ) | (  ) | (  ) | Totalmente de acuerdo |

Dar pequeños regalos (como botellas de agua, llaveros, broches, camisetas, etc.) es una buena manera de reconocer a los empleados.

|  | 1 | 2 | 3 | 4 | 5 |  |
|---|---|---|---|---|---|---|
| Totalmente en desacuerdo | (  ) | (  ) | (  ) | (  ) | (  ) | Totalmente de acuerdo |

Nuestra reunión seminal es una oportunidad adecuada para mostrar reconocimiento a los empleados que estén de cumpleaños o tengan un aniversario en el lugar de trabajo.

|  | 1 | 2 | 3 | 4 | 5 |  |
|---|---|---|---|---|---|---|
| Totalmente en desacuerdo | (  ) | (  ) | (  ) | (  ) | (  ) | Totalmente de acuerdo |

Servir refrescos es una buena manera de reconocer la participación

|  | 1 | 2 | 3 | 4 | 5 |  |
|---|---|---|---|---|---|---|
| Totalmente en desacuerdo | (  ) | (  ) | (  ) | (  ) | (  ) | Totalmente de acuerdo |

Me importan las cartas de agradecimiento.

|  | 1 | 2 | 3 | 4 | 5 |  |
|---|---|---|---|---|---|---|
| Totalmente en desacuerdo | (  ) | (  ) | (  ) | (  ) | (  ) | Totalmente de acuerdo |

Me importa el reconocimiento público por mis logros.

|  | 1 | 2 | 3 | 4 | 5 |  |
|---|---|---|---|---|---|---|
| Totalmente en desacuerdo | (  ) | (  ) | (  ) | (  ) | (  ) | Totalmente de acuerdo |

Me siento valorado cuando se reconoce el trabajo que he hecho.

|  | 1 | 2 | 3 | 4 | 5 |  |
|---|---|---|---|---|---|---|
| Totalmente en desacuerdo | (  ) | (  ) | (  ) | (  ) | (  ) | Totalmente de acuerdo |

El reconocimiento de mis logros es tan importante como un sistema justo de recompensa financiera.

| | 1 | 2 | 3 | 4 | 5 | |
|---|---|---|---|---|---|---|
| Totalmente en desacuerdo | ( ) | ( ) | ( ) | ( ) | ( ) | Totalmente de acuerdo |

En los últimos siete días, he recibido reconocimiento o un elogio por haber hecho un buen trabajo.

| | 1 | 2 | 3 | 4 | 5 | |
|---|---|---|---|---|---|---|
| Totalmente en desacuerdo | ( ) | ( ) | ( ) | ( ) | ( ) | Totalmente de acuerdo |

En el último mes, he recibido reconocimiento o un elogio por haber hecho un buen trabajo.

| | 1 | 2 | 3 | 4 | 5 | |
|---|---|---|---|---|---|---|
| Totalmente en desacuerdo | ( ) | ( ) | ( ) | ( ) | ( ) | Totalmente de acuerdo |

Siento que recibo suficiente reconocimiento y elogio por el trabajo que realizo.

| | 1 | 2 | 3 | 4 | 5 | |
|---|---|---|---|---|---|---|
| Totalmente en desacuerdo | ( ) | ( ) | ( ) | ( ) | ( ) | Totalmente de acuerdo |

En tus propias palabras, por favor, define el reconocimiento. ¿Cuáles ejemplos de este reconocimiento has recibido durante tu tiempo en [NOMBRE DEL NEGOCIO AQUÍ]?

_____

_____

_____

_____

_____

¿Cómo te ha afectado el reconocimiento, o la falta del mismo, con respeto a tu valor como empleado?

_____

_____

_____

_____

# SISTEMA DE RECONOCIMIENTO DEL LIDERAZGO PIVOTE

### QUIÉN:

¿A quiénes lideras? Comienza por hacer una lista de los miembros de tu equipo.

### QUÉ:

¿Cuáles son sus roles? ¿Por cuáles tareas, proyectos, contribuciones personales o atributos de carácter puedes reconocerlos?

### CUÁNDO:

¿Cuándo tendrá lugar el reconocimiento? Para ser eficaz, el reconocimiento necesita ser consistente: diariamente, semanalmente, mensual, anual.

### CÓMO:

¿Cómo vas a reconocer al individuo? ¿Formalmente o informalmente? ¿En persona, en una carta o correo electrónico? ¿Verbalmente o con un regalo tangible? ¿En público o en privado?

# PARTE 3:

# PIVOTE

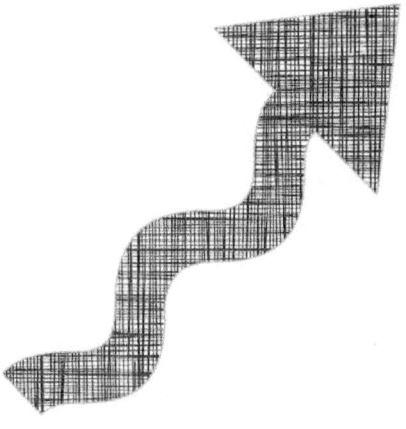

# EL FUTURO

# CAPÍTULO OCHO

## VIVIENDO TU ÚLTIMA SAGA

*Los humanos necesitamos una saga convincente: una historia o un drama*
*que inspire pasión para logar un resultado estratégico, una pasión que abrume*
*el egoísmo que es tan común en los seres humanos*[99].

-Chris Warner

Con respecto al proceso de lograr tus objetivos, hay algo más en juego que solo el objetivo en sí. Esto lo llamo la diferencia entre la "saga" y el "sistema". La saga es una historia o un drama que inspire pasión para logar un resultado estratégico, una pasión que abrume el egoísmo que es tan común en los seres humanos (Warner & Schmincke, 2009, p. 37). Tu última saga es lo que da vida a tus sistemas. Un sistema es un conjunto conciso de objetivos, estrategias humanas, valores y medidas que pones en marcha para realizar tu última saga.

Sin importar dónde lideres (negocios, en casa, una organización sin fines de lucro, una iglesia), este capítulo te da las herramientas para desarrollar una visión, una misión y un conjunto de objetivos concisos que te ayudarán a lograr el resultado deseado. Pero, enseñarte cómo hacer declaraciones de misión y visión elocuentes, u objetivos alineados con valores será inútil si tu organización no tiene ningún propósito o historia para influir al mundo.

Sorprendentemente, las empresas no fracasan a causa de la falta de una declaración de misión profesional o de objetivos específicos que valen la pena. Las empresas fracasan por causa de algo mucho más profundo: el egoísmo humano.

Chris Warner y Don Schmincke (2009), autores de *High Altitude Leadership*, dicen que la teoría del cambio popular interpreta el fracaso como un problema cultural, cuando la verdad es que el problema es biológico. La incapacidad de un empleado para equivocarse,

---

[99] "Humans need a compelling saga: a story or drama that inspires passion for a strategic result, a passion that overwhelms the selfishness common in humans."

obsesionado por su agenda personal, o complacencia con la seguridad de su título y sueldo suele detener a esta persona en la política e intereses egoístas.

Esto no es nada bonito. No importa por sofisticados que nos creamos, nuestras necesidades biológicas para ser vistos, aceptados y seguros eventualmente soltarán a nuestra bestia egoísta interna. Warner y Schmincke (2009) dicen que la clave para domesticar a la bestia es "deshacerse de esta agenda biológica[100]" a través de ayudar a los líderes a construir una saga convincente que al final les guiará a caminar auténticamente con valentía, claridad y transformación (p. 36). El cuerpo puede comprarse con un sueldo, pero el corazón se gana con el propósito. El corazón forma y cambia las organizaciones más allá de lo que puedas imaginar. Es posible que la teoría que el egoísmo humano causa el fracaso organizacional sea nueva para ti. Para mí fue totalmente nuevo.

¿Cómo es que Warner (un alpinista profesional) y Schmincke (un científico e ingeniero) se hicieron expertos en desarrollo del liderazgo? Comenzó con la curiosidad científica de Schmincke sobre los fracasos del liderazgo y la presentación de estos dos hombres durante una expedición en la cordillera de los Andes. Este viaje le enseñó a Schmincke que la montaña era el laboratorio perfecto para estudiar cómo los equipos tenían éxito o fracasaban. El equipo de Chris Warner le dio a Schmincke un ejemplo de un equipo funcional y excepcional que era "organizado, enfocado y profesional" en un ambiente estresante, peligroso y siempre cambiando (Warner & Schmincke, 2009, p. 3).

Suena a la vida corporativa, ¿no? En contraste, ser egocéntrico en las condiciones de la cúspide de la montaña puede desviar o matar a un equipo entero. Condiciones posiblemente devastadoras surgen si algún individuo llega desprevenido, enfocado en objetivos individuales, paralizado por el miedo o demasiado confidente. Como el alpinismo, la presencia del egoísmo en tu organización puede ser sutil hasta el momento en que se vuelve fatal. Los líderes exitosos poseen planes de acción para llegar a su destino deseado junto con un autoconocimiento de cómo la bola de nieve del egoísmo puede convertirse rápidamente en una avalancha.

Mi experiencia personal con el alpinismo es mínimo comparado con los expertos como Chris Warner. No obstante, el verano pasado yo subí el monte Adams, la segunda montaña más alta en el estado de Washington (12.280 pies[101]), con un grupo de mi

---

[100] "unhook this biological agenda"
[101] 12.280 pies son aproximadamente 3.740m.

programa de maestría de la Universidad Gonzaga. En esta aventura, se pudieron ver estos principios del liderazgo en acción.

Nuestro grupo alpinista consistía de gente de muchos lados de los Estados Unidos. Ocho semanas antes del ascenso, nuestro grupo autoseleccionó equipos para preparar, entrenar y escalar juntos. Compartimos listas de equipaje, pistas de entrenamiento, inspiración, y nos rendimos cuentas de ponerse en forma y de los buenos hábitos de comer. Nuestra primera reunión en persona fue en el campamento a la base de la montaña la noche antes de comenzar la excursión. De todos los equipos, yo pensé que nuestro era el mejor. Nuestro capitán tenía experiencia militar y era actualmente EMT[102]. Teníamos un triatleta y un ultramaratoniano. Y era yo y otro estudiante de Arizona. El estudiante de Arizona, lo llamaré Don nunca había hecho ninguna excursión alpinista antes, pero el resto del equipo tampoco. Él nos dijo en línea al comienzo de las ocho semanas de preparación que no estaba muy de forma, pero lo habíamos mirado y apoyado mientras hacía ejercicio diligentemente y bajó quince libras[103], haciéndose más y más fuerte cada día. ¡Fue algo inspirador!

Durante nuestras conversaciones en línea, habíamos discutido qué hacer durante una emergencia, preparación de comidas y cómo compartir las responsabilidades del campamento. El lema de nuestro equipo era *no dejar a ningún hombre atrás*. Nuestro objetivo era comenzar juntos y terminar juntos. ¿Cómo no íbamos realizar nuestra meta, considerando qué tan unidos nos hicimos durante las últimas ocho semanas? La siguiente mañana, después de un desayuno de reunión, revisamos nuestras mochilas para las esenciales y las restricciones de peso, y después nos reunimos con el grupo en la entrada del sendero de montaña para comenzar el día.

En la entrada, nuestros mentores y guía nos dieron instrucciones para la caminata del día: dónde íbamos a parar para descansar, filtrar agua del río y acampar por la noche. De ahí salimos. La mañana fresca hizo que llevar cincuenta libras[104] extras fuera manejable durante las primeras horas. Mientras progresaba el día, las temperaturas del verano subieron de entre 30 grados Fahrenheit unos cuantos 80 grados[105]. La subida notable de temperatura nos afectó a todos, pero a nuestro amigo Don en particular, quien llevaba jeans

---

[102] EMT significa Emergency Medical Technician en inglés, o técnico de emergencia medical.
[103] 15 libras son casi 7 kilógramos.
[104] 50 libras son aproximadamente 22 kilógramos
[105] Entre 0 y 26 grados Celsius

(contra todos los consejos de los mentores y el guía). No tomó mucho tiempo para que Don se sobrecalentara. Sin que yo supiera, los hombres en mi equipo distribuyeron algunas cosas (que encontraban mucho más pesados que uno debía traer) de la mochila de Don en sus mochilas, cortaron sus jeans con un cuchillo, y después siguieron la subida de montaña.

Al pasar del tiempo, y al llegar a la nieve, era evidente que Don no podía llevar su mochila al campamento de noche. Mientras subíamos la última parte del día bajo el sol y en la nieve, a elevaciones continuamente más altas, dos miembros de mi equipo tomaban turnos llevando dos mochilas. Éramos el equipo campeón. Dejando a ninguna persona atrás, llegamos al campamento sintiéndonos triunfantes y con un buen espíritu de equipo. Todos estábamos muy orgullosos de Don por haber superado los obstáculos físicos y mentales para llegar hasta aquí. No nos dimos cuenta de que, aunque la distancia del segundo día era más corta, el primer día era fácil en comparación.

A las dos de la mañana, sonaron las alarmas de cada persona. Ya era hora para ir a la cima. Con temperaturas de congelamiento y vientos fuertes, nuestro guía nos dijo que no nos preocupáramos. No haría NINGÚN viento en la montaña. "No se pongan demasiada ropa", dijo. "No quieren sobrecalentarse". Seguimos su dirección y empacamos muy poco. Nuestro capitán y otro miembro del equipo llevaron toda el agua para nosotros. Los demás estábamos responsables por los bocadillos y llegar a la cima. Faros prendidos, nuestro equipo salió, tomando un pequeño paso tras otro. Rápidamente podíamos ver que Don estaba luchando silenciosamente. Para serte sincera, él no era el único. No paró nunca ese viento.

Mis crampones se deslizaban, e incluso nuestro ultramaratoniano comenzaba a sentir los síntomas del mal de altura. Mientras caminábamos lentamente, un pie en frente del otro subiendo la montaña, parecía como si estuviera en paralelo a la montaña. A veces el viento soplaba tan fuerte, me derribaba a veces. Mientras mi compañero al lado me ayudaba a levantar, podía escucharlo decir (con sarcasmo, obviamente), "No hace viento en la montaña", y todos nos reíamos por un momento. La risa aliviaba la lucha un poco y seguíamos adelante. Después de más o menos una hora, nos preocupábamos por Don. Apenas se movía y aún estábamos lejos de la cima. Aunque habíamos subido 1000 pies[106], aún nos quedaban 2300 más[107]. Cada cinco pasos, Don tomó un descanso de entre dos y

---

[106] 1000 pies son aproximadamente 305 metros.
[107] 2300 pies son aproximadamente 701 metros.

cinco minutos. Estábamos congelados porque no estábamos moviéndonos lo suficiente rápido, nuestro lema había cambiado de *no dejar a ningún hombre atrás* a preguntas de cómo íbamos a llegar a la cima. Le preguntamos a Don, "*¿Qué te haría sentir exitoso en nuestra excusión?*" Nosotros cuatro nos sentíamos que había adquirido el éxito personal increíble en haber llegado hasta aquí, y nuestro capitán estaba dispuesto a sacrificar su llegada a la cima para acompañar a Don de vuelta al campamento. Imagina nuestra sorpresa cuando Don dijo "quiero llegar a la cima". Con esa declaración, nuestros objetivos cambiaron de pensar en el equipo a pensar en el individuo. Veríamos el colapso de nuestra ética corporativo bajo el estrés causado por las condiciones de la montaña. La respuesta de Don pasó a ser un problema potencial para nuestro equipo. Si nos quedáramos con Don, a lo mejor ninguno de nosotros habría llegado a la cima. Definitivamente habríamos quedado sin agua. Y, la congelación era posible si no subieran las temperaturas. Entonces, le preguntamos a Don qué quería hacer. ¿Quería quedarse con el equipo, o quería hacer la subida con un mentor? Él eligió hacer el resto de la excursión con un mentor. Todos nos sentíamos aliviados, pero destrozados a la vez. Sí, íbamos a llegar a la cima, pero íbamos a romper con nuestro pacto de *no dejar a ningún hombre atrás*. Simplemente, sintió incorrecto.

Mientras nosotros cuatro dejábamos atrás a Don, la subida se puso agridulce. Creo que todos contemplábamos lo mismo. ¿Era el egoísmo de Don o de nosotros que desvió el alineamiento de nuestro equipo y causó que fracasáramos? Sí, Don vino desprevenido. Él se enfocó en su objetivo individual de llegar a la cima a toda costa. Pero nosotros también nos enfocamos en ese objetivo. Todos nos preguntábamos por qué nuestra planificación sistemática, comunicación y ejecución se descompuso. La tensión de este conflicto nos afectó mucho ese día. El estrés causado por esta situación y el ambiente de la montaña hizo que era difícil saber si nuestras decisiones fueran sanas. Una cosa estaba clara: esta no era la manera en que queríamos terminar.

Mirando hacia atrás, nuestro equipo hizo algunas cosas bien, pero habríamos podido hacer algunas cosas mejor. Cuando lideramos, la primera cosa que debemos hacer es crear una última saga en que la gente vaya a querer seguir durante los tiempos buenos y los malos.

Tiene que crear significado. La historia necesita ser lo suficiente fascinante como para desviar a la gente de sus instintos egoístas para estar en el juego colectivo del propósito.

En el libro *El hombre en busca de sentido*[108], Viktor Frankl escribió que uno no debería apuntar al éxito – cuanto más lo apuntes, más no vas a alcanzarlo. El éxito, como la felicidad, no puede perseguirse; tendrá que surgir, y solo lo hace como el efecto secundario de la dedicación a una causa mayor que uno mismo[109] (Frank 1992, p. 81). El éxito solo ocurre cuando una persona se dedica a una causa mayor que él mismo o ella misma. Esto es la definición de la última saga.

Los líderes articulan su última saga de dos maneras: *la creación* y *la comunicación*. Hay un dicho antiguo, todos son un buen capitán en aguas tranquilas[110]. Durante nuestra subida en el monte Adams quería ser una gran líder que demostrara habilidades de solucionar problemas y de dar ánimo a mi equipo cuando nos enfrentáramos con obstáculos del ascenso como el frío, la oscuridad y el viento de la montaña cuando estuviéramos cansados y estresados. Resulta que me faltaban las herramientas para hacerlo de manera eficaz. Por suerte, la montaña fue una gran profesora.

Aprendí que nuestro equipo necesitaba un mayor propósito para unirnos durante esos duros periodos. Nuestro lema *no dejar a ningún hombre atrás* tenía potencial, pero significaba algo diferente a cada persona del grupo. No era sostenible al enfrentarnos con desafíos inesperados. Crear una última saga es el primer paso que deberías tomar para proteger tu equipo, a tu familia o tu organización de la disfunción durante tu excursión hacia el éxito. Tu última saga será la visión que dirigirá tu agenda, se alineará con tus objetivos y te moverá adelante en tu excursión.

Crear tu última saga requiere tiempo. Tu última saga necesita ser convincente, clara y concisa. Estas cosas no sucederán en una menta que no esté clara. Si tu organización se maneja por una visión, entonces invertirás el tiempo necesario para crear (y para comunicar) tu última saga. Recomiendo a menos un día sin distracciones técnicas. Elige un ambiente creativo. Dependiendo del área en el que dirijas, colabora con otras personas de tu equipo. Incluir a otros en el proceso creativo asegura el involucramiento inmediato y garantiza que estas personas son los mayores promovedores y creadores de cultura. En la actividad de acción de este capítulo encontrarás un bosquejo para ayudarte a crear tu última saga.

---

[108] En inglés, este libro se llama *A Man's Search for Meaning*.
[109] "Don't aim at success – the more you aim at it and make it a target, the more you are going to miss it. For success, like happiness, cannot be pursued; it must ensue, and it only does so as the unintended side-effect of one's dedication to a cause greater than oneself."
[110] "Everyone is a great captain in calm seas."

Una vez creada, es necesario comunicar tu saga. Mirando hacia atrás al lema de mi equipo del monte Adams, *no dejar a ningún hombre atrás* tiene los componentes de una saga convincente. Suena a un grito de guerra; inspira pasión y lleva al lector a perseguir un propósito mayor de uno mismo. Lo que faltaba era la comunicación. No comunicaba un argumento épico por el cual seguir. Nuestro equipo no comunicó ninguna definición, límites de acción, ni por qué deberíamos someter nuestros egos a esto (Warner & Schmincke, 2009). Al final, solo era una idea romantizada de lo que esperábamos, no de lo que íbamos a realizar.

La comunicación clara y consistente es la clave para promover la última saga que provee una pasión y un propósito para tus colegas. Pero es fácil perder la vista de nuestra última saga en medio de sistemas administrativos. Autor y pastor de la iglesia North Point Community Church, Andy Stanley dice que la visión fuga (Stanley, 2003).

Como la visión, tu última saga fugará por las grietas de tu organización si no la repites una y otra vez. Necesitas decírtelo a ti mismo y decirlo a to equipo TODOS LOS DÍAS. Tu fe y tu habilidad para comunicar el mayor propósito de tu empresa serán el arma contra la complacencia durante tiempos de éxito, de fracasos inevitables y todo lo demás (Stanley, 2003).

Sabrás que has tenido éxito en comunicar tu última saga cuando tus colegas estén hablando sobre tu saga más que hablen de tus sistemas.

Comunicar tu última saga le da esperanza para el futuro a la gente, y también da una razón por la cual cruzar la línea de meta. Como lo dije antes, comunicar el mayor propósito de tu empresa es el arma contra la complacencia durante tiempos de éxito, de fracasos inevitables y todo lo demás. Cuando me entrenaba para la excursión en el monte Adams, me sorprendió saber que la mayoría de los equipos de expedición fracasan durante el descenso, no durante el ascenso (Warner & Schmincke, 2009, p. 36). El éxito de subir a la montaña destruye la colaboración, y uno por uno, cada alpinista se da cuenta del desafío físico de bajar de la montaña, lo que convierte a muchos de campeones en llorones. Recuerda lo que dijo Viktor Frankl: si apuntas al éxito solamente, no alcanzarás el objetivo. Uno debe tener un propósito abarcador que sea mayor que las metas personales de una persona.

Muchas veces en la vida y en el negocio, comenzamos fuertes y apasionados para realizar nuestra última saga, solo para descubrir que nos hemos estancado, o aún peor, estamos atrapados en el fracaso en medio de nuestro compromiso. Este escenario común me recuerda a la historia bíblica sobre Pedro cuando camina sobre el agua.

Jesús llama a Pedro. Enfocado solamente en la última saga en su argumento – Jesús, Pedro sale de la barca y camina sobre el agua. Es increíble. ¡Mejor que Cirque du Soleil! Pero, de repente ve hacia abajo Pedro. Sus ojos se centran en algo diferente de su última saga, y resulta que Pedro se hunde. Termina nadando en círculos, esperando a que alguien venga de rescate.

Crear y comunicar nuestra última saga nos impedirán nadar en círculos y nos ayudará a tener fe para caminar sobre el agua y hacia nuestro destino.

Cuando piensas en ejemplos de algunos "Pedros" contemporáneos, o alguien que sale de la barca para caminar sobre el agua, ¿en quiénes piensas?

Cuando pienso en ejemplos de líderes quienes tienen la fe para salir de la barca y caminar sobre el agua, pienso en Elon Musk inmediatamente. Elon Musk ha construido un imperio futurístico de sueños de juventud de naves espaciales y automóviles rápidos (SpaceX y Tesla). Un ingeniero de corazón, a Elon le interesa una cosa: cambiar el mundo y tener un efecto en el futuro.

La última saga de Elon es invertir y crear nueva tecnología maravillosa que cambiará la perspectiva de la gente y causar que digan "guau" (CBS, 2014). Elon comunica su última saga por medio de los autos eléctricos que derriban la imagen de los automóviles eléctricos lentos, no sexis, y también por medio de las naves espaciales que tienen ventanas para que el ciudadano común pueda disfrutar de la vista durante su viaje a la luna.

Es posible que hayas oído de Elon por su primera empresa, PayPal, la cual vendió a eBay por 1,5 billones de dólares, ganando 170 millones de dólares personalmente de la venta. Invirtiendo todo su dinero en SpaceX y Tesla, Elon se encontró casi hundiéndose y nadando sin manos en 2007 cuando las dos compañías fracasaban y Elon se quedaba sin dinero y con deudas (CBS, 2014). Su secreto pivote para cambiar sus circunstancias: detrás de su espíritu determinado y resistente, Elon nunca dejó de comunicar sus metas, su visión y su última saga a cualquier persona que lo escuchara.

Para mí, la mejor parte de la historia de éxito de Elon Musk es su actitud y su pasión por su última saga. Durante una entrevista con CBS 60 Minutes (2014), Elon dijo que si algo es lo suficiente importante, deberías intentar hacerlo, aunque las probabilidades indiquen el fracaso[111].

¿Qué será necesario para convertirte en el siguiente Pedro contemporáneo que salga de la barca con fe para caminar sobre el agua?

## ¿ESTÁN ALINEADOS TUS SISTEMAS CON TU ÚLTIMA SAGA?

Una vez que creas la fundación de tu organización (tu última saga), tienes que examinar tus sistemas. Escuchas muchas palabras para describir los sistemas en los círculos de liderazgo: visión, misión, metas, estrategias, valores y objetivos. Esta lista puede ser algo abrumador. Voy a darte la versión del sistema de Liderazgo Pivote: pequeños pasos…grandes cambios.

Primero, al definir la visión, simplemente estamos estableciendo nuestra visión para el futuro. ¿A dónde vas? ¿Por qué existes? Es algo intemporal; representa el sueño, el propósito o la llamada que quieres realizar. Necesita ser inspirador y edificante. Quisiera desafiarte a crear una última saga que abarque tu visión para el futuro y la historia en que quisieras que los demás participen. Tu visión, o en este caso tu última saga, es lo que maneja tus sistemas. Desarrollarás tus sistemas: misión, metas, estrategias y objetivos basados en tu última saga.

Declaraciones de misión indican lo que hacemos. Piensa hacia atrás a nuestro último capítulo cuando te conté la historia del detallista de zapatos online Zappos. El propósito de Zappos es brindar la felicidad. Ellos realizan este propósito diariamente por medio de su declaración de misión: proveer el mejor servicio al cliente posible[112] (Zappos, 2014). Sencillo. La misión es la acción tangible diaria que hace que los sueños sean realidad.

Los objetivos manejan los resultados de esa realidad. En otras palabras, los objetivos producen. Sin objetivos, los individuos y las empresas fracasan. Se realizan objetivos mediante estrategias (los pasos tomados para logar la meta) y objetivos (cómo se va a medir el progreso). Déjame resumir todo esto con un ejemplo.

Cuando mis hijos eran jóvenes, establecí la visión de ser saludable. Mi misión era hacer ejercicio todos los días. A lo largo de los años, encontré que mi visión y mi misión no

---

[111] "If something is important enough, you should try even if the probable outcome is failure."
[112] "To provide the best customer service possible"

eran lo suficiente para funcionar solos. La vida sucedió, trabajo sucedió, la universidad sucedió...y de alguna manera el ejercicio siempre pareció ser la segunda prioridad. Necesitaba una meta con una estrategia y con objetivos para cambiar mi ritmo. No sabía exactamente qué hacer. No me encantaba el ejercicio, y no me gustaba ningún deporte en particular. Pero había una última saga que finalmente me llamó la atención: la sociedad Leukemia Society – Algún día es hoy...ayudando a pacientes con cáncer en la sangre vivir vidas mejores y más largas. Vi una invitación con información sobre un evento de media maratón o maratón para beneficiar a la Luekemia Society y pensé que esto serviría dos propósitos para mí. Primero, cumpliría con mi visión de tener una vida saludable, y segundo, cumpliría con mi misión de ayudar a otros.

Nunca en mi vida había trotado más de tres millas[113]. Sabía que estaba motivada para recaudar fondos para la Leukemia Society y pensé que podría trotar una media maratón si trabajara duro. Al final de la noche informativa, los entrenadores de la Leukemia Society me habían convencido que, si siguiera su programa, en seis meses podría correr la maratón de San Diego. ¡Entonces me inscribí! La segunda cosa más inteligente que hice fue reclutar a un amigo para correr conmigo. Mi meta de ejercicio llegó a ser correr la maratón en junio. La estrategia era seguir el programa de seis meses del entrenador mediante lograr los objetivos diarios de correr, hacer entrenamiento mezclado y estrecharme.

Después de realizar esa meta hace muchos años, me di cuenta de que la única vez que realmente logro mi meta de ser saludable ocurre cuando hay una segunda meta conectada, y también cuando tengo a otra persona conmigo para asegurar que lo hago. ¿Y tú? ¿Cómo encuentras el éxito en los objetivos de tu vida? Escribe sobre este tema en la actividad de acción al final del capítulo y comparte tus ideas con otras personas.

A continuación, hay están cinco pasos que te ayudarán a hacer que tus objetivos sean realidad:

---

[113] Tres millas son aproximadamente cinco kilómetros.

# 5 PASOS PARA ESTABLECER METAS DE LIDERAZGO PIVOTE

## PASO 1

Identifica tu objetivo. ¿Por qué es convincente o importante para ti? ¿Combina con tu visión y misión?

## PASO 2

Pivota tu manera de pensar. Realizar objetivos no sucede cuando es conveniente ni cómodo. Tienes que salir de tu zona de comfort.

## PASO 3

Invita a otros a participar. Invitar a otros para la colaboración, la información y/o la responsabilidad es imperativo para realizar tus objetivos.

## PASO 4

Aplica tu filosofía de Liderazgo Pivote. Toma pasos pequeños pero mensurables hacia tu meta y crea un gran impulso.

## PASO 5

Céntrate en el resultado. Mantente enfocado en tu última saga. No te desvíes por el éxito, el miedo, los obstáculos, los fracasos ni las cosas intermedias que a veces parecen aburridas.

Alguien dijo una vez que se ponen los obstáculos en tu camino para averiguar si lo que quieres vale la pena[114]. La creación y la comunicación de tu última saga te ayudará a mantener los sistemas enfocados en el resultado, lo que te ayudará a superar los obstáculos que seguramente caerán en tu camino. Quiero terminar con un cuento más: Lecciones del ciclista de montaña DH[115].

En mi familia somos ciclistas de montaña. Pero mi marido Mark es un aficionado del ciclismo de descenso. Para probarlo, puedo mostrarte una foto de Mark cayéndose de un helicóptero para bajar de la montaña más escarpada y peligrosa (digo, peligrosa) que pudo encontrar en Canadá. Personalmente, yo prefiero subir a bajar. Así, si choco, hay mucho menos riesgo de lesión. Puede que ya hayas determinado el problema con mi filosofía del ciclismo; todo lo que sube tiene que bajar. Afortunadamente, mi marido es muy buen instructor.

La estrategia principal del ciclismo de descenso es enfocarse en la "salida". Nunca jamás mires hacia abajo a la rueda ni tampoco a la tierra en frente de si a menos que la meta es volar sobre el manubrio.

Tus ojos están fijados en a dónde vas. Al acercarte a un obstáculo (árbol, tronco, tocón, rocas, río, etc.), la idea es acelerar (sí, lo leíste bien): el impulso previene la caída. Si utilizas esta técnica de ciclismo de descenso en tu vida, tu "salida" será tu última saga.

En resumen: Enfócate en a dónde vas. No mires hacia abajo. Al ver algún obstáculo acercándose, agarra tu coraje y acelera. ¡Que estas palabras te animen mientras superas los obstáculos que impiden que la gente haga realidad su última saga!

---

[114] "Obstacles are put in your way to see if what you want is really worth fighting for."
[115] DH significa "downhill", o descenso.

# ACTIVIDAD DE ACCIÓN

*Comienzas teniendo en cuenta el resultado final, por medio de saber con qué sueñas lograr, y de ahí mediante determinar cómo hacerlo realidad[116].*

-Jim Pitts, Northrop Grumman Corporation

## EL PENSAMIENTO PIVOTE DEL LÍDER

¿Qué sobresalió en este capítulo? ¿Cuáles palabras, frases u oraciones destacaste o encerraste en un círculo? ¿Qué tipo de recordatorio o apuntes escribiste en los márgenes de la página?

En las líneas a continuación, escribe algunos pequeños pasos que tomarás que causarán grandes cambios.

_____

_____

_____

_____

_____

_____

_____

_____

## CREANDO TU ÚLTIMA SAGA

Utilizando el modelo a continuación, comienza a crear tu última saga que expresará tu propósito de vida, historia épica, grito de guerra organizacional o llamada de solidaridad.

---

[116] You begin with the end in mind, by knowing what you dream about accomplishing, and then figuring out how to make it happen."

_____

[Tu nombre u organización]

_____

[Visión (el futuro): Por qué yo existo o nosotros existimos]

_____

[Misión (el presente): Lo que yo hago o nosotros hacemos]

_____

_____

_____

[Metas: ¿Cómo logro mi misión y visión
(cómo logramos nuestra misión y visión)?]

_____

_____

_____

[Estrategias: ¿Cómo logro mi misión y visión
(cómo logramos nuestra misión y visión)?]

_____

_____

_____

[Lo que más aprecio -- ¿Qué te mantiene despierto por la noche? ¿Qué nos motiva?]

_____

_____

_____

[¿Cuáles tres palabras describen la pasión detrás de tu propósito?]

_____

_____

_____

[Una oración que articula tu última saga]

# CAPÍTULO NUEVE

## IMPARABLE

*Cuando encuentras un obstáculo, PIVOTA. Así*
*cambiarás tu dirección y tu futuro[117].*
-Angela Craig

Piensa en la cosa más difícil que has hecho nunca. Tu viaje de liderazgo podría ser aún más difícil. Profesionales como los policías, militares y bomberos se enfrentan a situaciones de vida y muerte todos los días. Los líderes se enfrentan a una variedad de situaciones de vida y muerte. Los líderes arriesgan la muerte de su reputación y la muerte de su profesión cada vez que toman riesgos y hacen decisiones que otros no harían. Ellos eligen humildad, coraje, resiliencia y acción cuando otros eligen autopromoción y seguridad. Los líderes verdaderos son guerreros que siempre luchan por sus sueños.

Este último capítulo de *Liderazgo Pivote* se trata de *no rendirse nunca*. Si has leído este libro hasta este punto, creo que fuiste llamado a ser líder. Fuiste llamado a perseguir y manifestar tus sueños. No importa el lugar: eres líder. En las palabras de Viktor Frankl, tu destino es único. No hay nadie en este mundo que puede cumplir la misión o vocación que se te ha dado. No hay quien te reemplace.

Hemos hablado de carácter, fuertes, equipos y visión La última cosa que necesitas recordar es que *eres imparable*. Los líderes imparables participan en dos cosas: *el pensamiento pivote* y *las acciones pivotes*.

## ¿QUÉ NECESITAS PARA NO RENDIRTE NUNCA?

Para ser Líderes Pivote que no se rinden nunca, tenemos que pivotar nuestra manera de pensar. Nuestra actitud controla a nuestro destino. Viktor Frankl dijo que se

---

[117] "When you find yourself at a roadblock, PIVOT. You will change your direction and your future."

puede quitarle todo de un hombre salvo una cosa: la última de las libertades humana – la capacidad de elegir nuestra actitud en toda circunstancia[118]. Tu percepción de tu futuro se convertirá en realidad. La actitud es tu mayor arma contra la mediocridad. Los mejores trabajadores no caen atrapados en las tramas de miedo, fracaso y otras limitaciones (Seligman, 2011). Los líderes imparables se caracterizan por el coraje y la resiliencia, y esto los conduce al éxito.

## ¿QUEDAS ATRAPADO EN UNA TRAMPA DEL MIEDO, O ESTÁS VIVIENDO CON CORAJE?

El filósofo romano Tácito dijo que el deseo de seguridad va en contra de todas las grandes y nobles iniciativas[119]. La repuesta biológica a la ansiedad y el miedo es detener toda acción.

Queremos ser testarudos y no reconocer el panorama general. Se estima que el 90% de la gente se congela a enfrentarse con el miedo y el estrés (Warner & Schmincke, 2009). La actitud de coraje es la única manera en que se puede superar el miedo. John Lennon dijo que hay dos fuerzas motivadoras básicas: el miedo y el amor. El amor por los principales por los cuales estás luchando tendrá que ser más grande que las mentiras que el miedo nos cuenta.

El acto de perseguir nuestros sueños crea el coraje y autoconfianza necesario para seguir. Mihaly Csikszentmihalyi, profesor de la Claremont University, afirma que el camino desde el miedo hacia la autoconfianza tiene un plan de acción (Kouzes & Posner, 2011). La gente exitosa no cree en la suerte; creen en la acción: La gente que experimenta los resultados óptimos están totalmente cautivados por la actividad de sus sueños (Kouzes & Posner, 2011, p. 58).

El miedo ha sido una de las "trampas del pensamiento" que me paralizó en el pasado, y me impidió salir de la zona de confort para tomar riesgos, tomar decisiones y hacerme una agente de cambio. Al desarrollar un plan, tomar acción y enfocarme en el

---

[118] "Everything can be taken from a man but one thing: the last of the human freedoms – to choose one's attitude in any given set of circumstances, to choose one's own way."
[119] "The desire for safety stands against every great and noble enterprise."

objetivo de ayudar a los demás con su búsqueda de destino, he podido ir más allá del estrés causado por la incertidumbre y las dudas para llegar a un lugar de éxito.

El coraje junto con la resiliencia es lo que hará imparable el líder. Más que la educación, más que la experiencia, más que el entrenamiento, el nivel de resiliencia de una persona determinará quién tiene éxito y quién fracasa[120] (Coutu, 2009). Si tu capacidad para perseguir y manifestar tu última saga se ve frenada por limitaciones, una actitud de resiliencia te ayudará a superarlas. Ya comentamos sobre uno de los depredadores de tus sueños: el miedo. Pero hay muchos más: Fracasos pasados, educación, género, raza, discapacidades físicas, y hasta el orgullo son ejemplos de cosas que nos impiden abrir el cambio hacia el futuro. La mayoría de la gente usan sus limitaciones como excusa para no perseguir la grandeza. Los líderes resistentes no tienen una fiesta de autocompasión. Los líderes imparables se enfrentan a sus limitaciones y pivotan en otra dirección, pasan por otra puesta y siguen adelante incluso cuando las probabilidades no están a favor de ellos. Ellos expresan cierto optimismo y esperanza para el futuro, incluso durante tiempos difíciles.

Los líderes exitosos están dispuestos a fracasar con el fin de tener éxito. El novelista estadounidense F. Scott Fitzgerald dijo que uno debería poder ver que no hay esperanza, pero a la vez estar decididos a cambiar las circunstancias[121]. Walt Disney tuvo una larga historia de fracasos y también bancarrota antes de construir el Magic Kingdom. De hecho, fue despedido de un puesto en un periódico porque le faltaba la imaginación y no tenía buenas ideas[122] (OnlineCollege, 2014). Los líderes imparables son resientes y se recuperan rápidamente de los fracasos, hacia la victoria.

Además de la actitud de coraje y resistencia, Jim Collins y Morten Hansen (2011) identifican tres comportamientos principales que distinguen los líderes prósperos de los que nunca persiguen sus sueños: la disciplina, la creatividad y la productividad.

En su libro *Great by Choice: Uncertainty, Chaos, and Luck – Why Some Thrive Despite Them All*, Collins y Morten afirman que los líderes imparables tienen fantástica disciplina que no cambia con tiempo. Estos líderes son consistentes a largo plazo a través de combinar su última saga con sus acciones diarias. Sus valores, objetivos, misión o visión no

---

[120] "More than education, more than experience, more than training, a person's level of resilience will determine who succeeds and who fails."
[121] "One should...be able to see that things are hopeless and yet be determined to make them otherwise."
[122] "he lacked imagination and had no good ideas"

son afectados por la economía en transformación. Tienen el autocontrol que no puede ser disuadido por los ambientes inestables.

Prosperar en liderazgo no siempre tiene que ver con la innovación; tiene más que ver con la creatividad empírica. Pero necesitas entender la diferencia si vas a ponerlas en acción en tu posición. Sí, la innovación es importante si tienes un negocio nuevo, pero mientras vaya desarrollando, hay la necesidad de combinar la disciplina con la creatividad para examinar lo que ya has hecho antes de hacer algo nuevo. Nuevo no siempre significa mejor. Es posible innovar de más si tienes un montón de productos para apoyar o si tienes demasiadas ideas que dependen del capital humano o financiero. Examinar la evidencia empírica (observar lo que ya tienes y analizar algunas maneras creativas para mejorar tu organización) es una buena idea para los líderes (Collins & Hansen, 2011).

Como ya comentamos en los previos capítulos, los Líderes Pivote se preparan para lo inesperado. Esencialmente, esto es lo que se llama la paranoia productiva (Collins & Hansen, 2011). Como líder, no pones todos los huevos en la misma cesta. Es importante hacerlo poco a poco (piensa en una búsqueda de huevos, pero huevos de oro), y entonces cuando las cosas se complican, siempre hay algún tesoro en torno a la esquina que te salvará. Utilizar la paranoia productiva a su favor, los líderes exitosos logran más de lo esperado. Los líderes inteligentes combinan la disciplina fanática, la creatividad empírica y la paranoia productiva para hacerse una fuerza imparable. ¡La última cosa que necesitas para hacerte imparable es la inspiración!

## CONOCE A DIEZ PERSONAS QUIENES CREO QUE TE INSPIRARÁN A NO RENDIRTE NUNCA

### 1. Nick Vujicic

Sin brazos ni piernas desde su nacimiento, Nick sabe lo que significa enfrentarse a los obstáculos más difíciles de la vida. Ahora, a los 32 años, Nick pasa su tiempo difundiendo la esperanza sinceramente con su organización Life Without Limbs. Él comunica su mensaje en discursos, escritura y películas (lifewithoutlimbs.org)

*Si fracaso, vuelvo a intentarlo una y otra vez. Si TÚ fracasas,*
*¿vas a volver a intentar? El espíritu humano puede aguantar*
*mucho peor que lo que pensamos. Lo que importa es COMO vayas*
*a TERMINAR. ¿Vas a terminar fuerte?[123]*

-Nick Vujicic

## 2. Russell Wilson

Seleccionado en la tercera ronda del NFL Draft para los Seattle Seahawks, Wilson entiende lo que significa ser un líder novato. No obstante, nunca ha permitido que su número de selección determine su futuro. Wilson ha sido imparable como líder de los Seahawks, y esto incluye la primera victoria en el Super Bowl para los Seahawks en su historia de 38 años, y también incluye el campeonato NFC de 2014 (seahawks.com).

*Recuerdo que mi padre me preguntó una vez, y es algo que siempre*
*quedó prendido en mí: "¿Por qué no tú, Russ?" Y, sabes, ¿por qué no yo?*
*¿Por qué no yo en el Super Bowl?[124]*

-Russel Wilson

## 3. Malala Yousafzai

Nacida en la región del noroeste de Pakistán ocupada por los talibanes, Malala escribió un blog a los 11 años para promover la igualdad de oportunidades de educación para mujeres jóvenes. Un poco después de publicar su blog, un pistolero subió al autobús escolar de Malala y le disparó brutalmente tres veces en la cabeza. El intento de los talibanes de callar a una joven solo le hizo más fuerte a través del apoyo y las oraciones globales de familia y comunidad. Actualmente, a los 17 años (ella nació el 12 de julio de 1997), Malala es activista en favor de los derechos humanos para las mujeres y la educación. Ella también es el recipiente del Premio Nobel más joven (malala.org).

---

[123] If I fail, I try again, and again, and again. If YOU fail, are you going to try again? The human spirit can handle much worse than we realize. It matters HOW you are going to FINISH. Are you going to finish strong?
[124] I remember my dad asking me one time, and it's something that has always stuck with me: 'Why not you, Russ?' You know, why not me? Why not me in the Super Bowl?

*Cuando el mundo entero guarda silencio, hasta*
*una sola voz se vuelve poderosa*[125].
- Malala Yousafzai

## 4. Viktor Frankl

Por 37 años, Viktor Frankl tuvo una vida excepcional como hijo, estudiante de psiquiatría y neurología y también como marido cariñoso. En 1942 él fue apresado por los Nazis como terapista y en 1945 fue transferido al campo de concentración de Auschwitz, donde no iba a ver otra vez a sus padres, su hermano o su esposa. El milagro de la historia de Viktor Frankl está en el significado que él encontró en uno de los lugares más oscuros del mundo. Puedes leer sobre su historia en su libro *El hombre en busca de sentido*[126].

*Una consideración me traspasó: por la primera vez en mi vida vi la*
*verdad como se pone en canción por muchos poetas, proclamado como*
*la última sabiduría por muchos pensadores. La verdad – que el amor*
*es el objetivo último y más importante a que el hombre puede aspirar.*
*Luego entendí el significado del mayor secreto que la poesía humana*
*y el pensamiento humano tienen para impartir: la salvación del hombre*
*se realiza a través del amor y en el amor*[127].
-Viktor Frankl

## 5. Steve Jobs

La vida de Steve Jobs comenzó y terminó luchando. Dado en adopción, los padres adoptivos de Steve reconocieron que era inteligente e innovador. El problema era que Steve no cupiera dentro de las trayectorias de aprendizaje tradicionales del sistema educativo. Steve era conocido como "bromista" en el colegio y abandonó sus estudios universitarios. Steve Jobs se murió a los 56 años después de una larga lucha contra el cáncer pancreático.

---

[125] "When the whole world is silent, even one voice becomes powerful."
[126] En inglés, este libro se llama *A Man's Search for Meaning.*
[127] "A thought transfixed me: for the first time in my life I saw the truth as it is set into song by so many poets, proclaimed as the final wisdom by so many thinkers. The truth - that love is the ultimate and the highest goal to which Man can aspire. Then I grasped the meaning of the greatest secret that human poetry and human thought and belief have to impart: The salvation of Man is through love and in love."

Pero su historia no termina ahí. Steve Jobs es responsable por haber creado un legado que estará con nosotros para siempre: las computadoras Apple (apple.com).

> *Ser el hombre más rico en el cementerio no me importa...*
> *Acostarme por la noche diciendo que hemos hecho algo*
> *increíble – eso es lo que me importa[128].*
> -Steve Jobs

### 6. J.K. Rowling

Hasta los 31 años, Joanna Rowling era madre soltera quien recibía asistencia social. Rowling dice que tocar fondo se convirtió en la fundación sobre la cual construyó su vida[129]. Actualmente, Rowling es la autora de la serie de libros bestseller y la serie de películas muy populares, Harry Potter (jkrowling.com).

> *Es imposible vivir sin fracasar alguna vez, a menos que vivas*
> *tan cuidadosamente que efectivamente no sirvió haber vivido[130].*
> -J.K. Rowling

### 7. Ray Kroc

Antes de los 52 años, Ray Kroc trabajó en múltiples profesiones, incluyendo DJ en la radio, pianista, viajante de comercio que vendía máquinas para batidos y vasos de papel. Puede que no pienses en este nombre cada vez que ordenas un Big Mac o Cuarto de libra con papas fritas, pero Ray Kroc fue responsable por la estandarización y la disciplina que convirtió McDonald's en el franquicio de restaurantes.

---

[128] "Being the richest man in the cemetery doesn't matter to me...Going to bed at night saying we've done something wonderful – that's what matters to me."
[129] "Rock bottom became the solid foundation on which I built my life."
[130] "It is impossible to live without failing at something, unless you live so cautiously that you might as well not have lived at all."

*Los dos requisitos más importantes para el gran éxito son:*
*primero, estar en el lugar y el momento adecuados, y segundo,*
*hacer algo al respecto[131].*
-Ray Kroc

## 8. Harrison Ford

Acosado cuando joven, a Harrison Ford no le interesaba ser el centro de atención. Descubrió la actuación por casualidad porque buscaba una clase fácil en la universidad: "Temía estar delante de otras personas, pero me encantaba la parte de contar historias[132]", dijo en la revista People. Después de cuarenta años, Ford ha actuado en algunas de las películas más populares: American Graffiti, Star Wars, Raiders of the Lost Ark (biography.com).

*Lo que es importante es la habilidad, creo, de saber que tienes mucho*
*en común con los demás, y de no determinar por tu buena suerte, que los demás*
*sean menos significativos, menos interesantes, menos importantes que tú[133]*
-Harrison Ford

## 9. Nelson Mandela

Nacido en 1918, Nelson Mandela pasó 67 años de su vida luchando por los derechos humanos. Su campaña pacífica y no violenta contra apartheid en Sudáfrica resultó en su encarcelamiento de cadena perpetua. Mandela servía 27 años antes de ser liberado bajo la presión gubernamental. Su tiempo en prisión no fue improductivo. Mandela obtuvo una licenciatura en derecho del programa de correspondencia de la University of England y también escribió su primer libro, *No Easy Walk to Freedom*. Después de su liberación, Mandela fue el primer presidente electo negro de Sudáfrica en 1994. Mandela usó la

---

[131] "The two most important requirements for major success are: first, being in the right place at the right time, and second, doing something about it."

[132] "I was terrified to get up in front of people, but I really enjoyed the storytelling part."

[133] "What's important is to be able to see yourself, I think, as having commonality with other people and not determine, because of your good luck, that everybody is less significant, less interesting, less important than you are."

creatividad empírica para unir a la gente (blanca y negra) de Sudáfrica con el Copa del Mundo de Rugby (biography.com).

> *Aprendí que el coraje no es la falta de miedo, sino el triunfo*
> *sobre él. El hombre valiente no es él quien no siente el miedo,*
> *sino él quien conquista ese miedo[134].*
> -Nelson Mandela

**10.** _____

Dejé la posición número 10 abierta para el siguiente líder imparable que conozco. Sí, tú. Justo al lado de Nelson Mandela. Estás aquí por un motivo. Tú fuiste hecho para ofrecer algo al mundo, y no hay nadie más quien pueda ofrecerlo. Comienza hoy, por escribir una cita para que todo el mundo la pueda leer. Eres Líder Pivote, tomando pequeños pasa que hacen grandes cambios. ¡Eres imparable!

"

"

¡Escribe tu cita aquí!

---

[134] "I learned that courage was not the absence of fear, but the triumph over it. The brave man is not he who does not feel afraid, but he who conquers that fear."

# ACTIVIDAD DE ACCIÓN

*El momento en que dejes todo pensamiento de retiro o rendición, es el*
*momento en que te convertirás en una fuerza imparable[135].*

-Tommy Newberry

## EL PENSAMIENTO PIVOTE DEL LÍDER

¿Qué sobresalió en este capítulo? ¿Cuáles palabras, frases u oraciones destacaste o encerraste en un círculo? ¿Qué tipo de recordatorio o apuntes escribiste en los márgenes de la página? En las líneas a continuación, escribe algunos pequeños cambios que te harán una fuerza imparable.

_____

_____

_____

_____

_____

_____

_____

_____

## EL LIDERAZGO PIVOTE: PEQUEÑOS PASOS – GRANDES CAMBIOS

En el prefacio comentamos que el libro *El Liderazgo Pivote* sería como una guía para tu recorrido para llegar a ser un líder influyente y con un legado. Este último ejercicio te llevará a realizar una expedición por cada capítulo. Puedes escribir tus pensamientos finales con respecto a los pasos pequeños que tomarás que crearán grandes cambios en tu vida como Líder Pivote. En el espacio abajo, escribe una manera (una palabra, un dibujo, un número de página) en que puedes pivotar tu manera de pensar o tus acciones para convertirte en una fuerza imparable.

---

[135] "The moment you give up all thought of retreat or surrender, you become an unstoppable force".

# PARTE 1: LA VIDA PIVOTE

**1: El líder adentro**

_____

**2: El líder que la gente ve**

_____

**3: El arte de la inaccesibilidad**

_____

# PARTE 2: LA COMUNIDAD PIVOTE

**4: Equipo: haciéndose una comunidad de propósito**

_____

**5: El liderazgo y la diversidad**

_____

**6: La comunicación pivote**

_____

**7: Tu propio hombre número 12**

_____

## 8: Viviendo tu última saga

_____

## 9: Imparable

_____

# EPÍLOGO

El propósito del epílogo, de la palabra griega ἐπίλογος epílogos, es dar fin a la obra. *El Liderazgo Pivote: Pequeños pasos...grandes cambios* te desafía a cambiar. Una indicación de cambio es terminar este libro con más preguntas.

Yo escribí este libro con lecciones de liderazgo y actividades prácticos y pertinentes a tener en tu librería como un guía de campo y para animarte y darte fuerza durante tu recorrido diario como líder y persona de influencia. Una vez, Sócrates dijo que la educación es la madera para encender un fuego, no lo que llena un vaso[136]. Sería imposible implementar las ideas de las actividades de Liderazgo Pivote en una sola noche. El aprendizaje es una recorrida de pequeñas lecciones unidas. Por eso, el título – Pequeños pasos...grandes cambios. Date un poco de gracia durante el proceso del desarrollo de liderazgo. El Liderazgo Pivote no solamente está diseñado para tu crecimiento personal, sino que la idea es compartidlo con tu equipo en el lugar de trabajo o en un grupo pequeño de personas con ideas afines. Toda cosa sucede más rápido cuando podemos reflejar y tener diálogo con otras personas sobre los cambios que están sucediendo dentro de nosotros mismos.

## ÚNETE AL MOVIMIENTO PIVOTE

Todos tenemos estilos de aprendizaje diferentes. Muchas personas que han leído *El Liderazgo Pivote: Pequeños pasos...grandes cambios* me han dicho que desean más recursos y más pasos de acción. Algunos otros sienten lo opuesto y están abrumados por la gran cantidad de actividades y no saben dónde comenzar. Independientemente del lado en que estés tú, ¡te invito a unirte a la Comunidad Pivote para recursos en línea y en persona, entrenamiento y talleres que te propulsarán hacia una vida de propósito y significado personalmente y profesionalmente!

PivotLeader.com[137]

---

[136] "Education is the kindling of a flame, not the filling of a vessel."
[137] Sitio web en inglés

# NOTAS

## CAPÍTULO UNO
## EL LÍDER ADENTRO

### Lecturas recomendadas y recursos

Bolman, L., & Deal, T. (2008). *Reframing Organizations*. San Francisco, CA: Jossey-Bass.

Greenleaf, R. (2014, 8 de octubre). *What is Servant Leadership*. Recuperado de Greenleaf.org: https:// greenleaf.org/what-is-servant-leadership/

Hyatt, M. (2014, 7 de octubre). *Michael Hyatt*. Recuperado de *The most important questions leaders can ask*: http://michaelhyatt.com/most-importantquestion-leader-can-ask.html

Keller, T. (2012). *The freedom of self forgetfulness*. Chorley, England: 10Publishing.

Kouzes, & Posner. (2007). *The leadership challenge*. San Francisco, CA: Jossey-Bass.

Kouzes, J., & Posner, B. (2011). *Credibility: How leaders gain and lose it - why people demand it*. San Francisco, CA: Jossey-Bass.

Kruse, K. (2013, 9 de abril). *What is leadership?* Recuperado de Forbes.com: http://www.forbes.com/sites/kevinkruse/2013/04/09/what-is-leadership/

Sprause, C. (2013, 10 de abril). *Different leadership styles and their advantages*. Recuperado de HR.com: http://www.hr.com/en/app/blog/2013/04/differentleadership-styles-and-their-advantages-a_hfcoua95.html#sthash.LiAvMsNM.dpuf

Webster, M. (2014, 10 de octubre). *Engaged*. Recuperado de Merriam Webster: http://www.merriam-webster.com/dictionary/engaged

Yukl, G. (2007). *Leadership in organizations*. Upper Saddle River, NJ: Pearson/Prentice Hall.

Zamperini, L., & Rensin, D. (2014). *Don't Give Up, Don't Give In: Lessons from an extrodinary life*. New York, NY: HarperCollins.

## CAPÍTULO DOS
## EL LÍDER QUE LA GENTE VE

**Lecturas recomendadas y recursos**

Annussek, A. (Director). (2014). The Carbonaro Effect [Película].

Bolman, L., & Deal, T. (2008). *Reframing organizations: Artistry, choice and leadership*. San Francisco, Ca: Jossey-Bass.

Bradberry, T., & Greaves, J. (2009). *Emotional intelligence 2.0*. San Diego, CA: TalentSmart.

Gelb, M. (1998). *How to think like Leonardo da Vinci*. New York, NY: Dell Publishing.

OxfordDictionaries. (2014, 8 de noviembre). *Attitude*. Recuperado de Oxford Dictionaries: www. oxforddictionaries.com

Real Academia Española. (2015, 29 de diciembre). *Actitud*. Recuperado de Real Academia Española: http://dle.rae.es/?id=0cWXkpX

Stanley, A. (2003). *Next generation leader*. Sisters, OR: Multnomah Books.

Yukl, G. (2007). *Leadership in organizations*. Upper Saddle River, NJ: Pearson/Prentice Hall.

## CAPÍTULO TRES
## EL ARTE DE LA INACCESIBILIDAD

**Lecturas recomendadas y recursos**

AIS. (2014, 28 de octubre). *Workplace Stress*. Recuperado de The American Institute of Stress: http://www.stress.org/workplace-stress/

Allen, D. (2001). *Getting things done: The art of stress-free productivity*. New York, NY: Penguin Books.

APA. (2005, 10 de febrero). *Why we overcommit*. Recuperado de American Psychological Association: http://www.apa.org/news/press/releases/2005/02/overcommit.aspx

Backes, B. (2014). *The Effects of Technology on Ministry Life*. Snoqualmie, WA: Backes, B.

Frazee, R. (2003). *Making room for life: Trading chaotic lifestyles for connected relationships*. Grand Rapids, MI: Zondervan.

Loehr, J., & Schwartz, T. (2005). *The Power of Full Engagement: Managing energy, not time, is the key to high performance and personal renewal*. New York, NY: The Free Press.

Muller, W. (1999). *Sabbath: Finding rest, renewal, and delight in our busy lives*. New York, NY: Bantam House.

Palmer, P. (2007). *The courage to teach*. San Francisco, CA: Jossey-Bass.

Taylor, B. (2006). *Leaving church*. New York, NY: HarperSanFrancisco.

## CAPÍTULO CUATRO
## EQUIPO – HACIÉNDOSE UNA COMUNIDAD DE PROPÓSITO

### Lecturas recomendadas y recursos

Bordas, J. (2007). *Salsa, soul, and spirit: Leadership for a multicultural age*. San Francisco, CA: Berrett-Publisher, Inc.

Collins, J. (2001). *Good to great*. New York, NY: HarperCollins Books.

E.L., L., & Storck, J. (2001). *Community of purpose and organizational performance*. IBM Systems Journal, 831-841. Recuperado de IBM Systems Journal Providers Edge: http://www.providersedge.com/docs/km_articles/CoP_and_Organizational_Performance.pdf

Helgesen, S. (2005). *The Web of Inclusion*. Washington. D.C.: Beard Books.

Hicks, D. (2011). *Dignity: The essential role it plays in resolving conflict*. London, UK: Yale University Press.

Kouzes, & Posner. (2007). *The leadership challenge*. San Francisco, CA: Jossey-Bass.

Palmer, P. (2007). *The courage to teach*. San Francisco, CA: Jossey-Bass.

Staik, A. (2012, 1 de abril). Neuroscience and Relationships. Recuperado de Psych Central: http://blogs.psychcentral.com/relationships/2012/04/thepower-of-creating-a-timeline-of-your-lifes-story/

## CAPÍTULO CINCO
## EL LIDERAZGO Y LA DIVERSIDAD

### Lecturas recomendadas y recursos

Allen, B. (2004). *Difference matters: Communicating social identity.* Long Grove, IL: Waveland Press Inc.

Bordas, J. (2007). *Salsa, soul, and spirit: Leadership for a multicultural age.* San Francisco, CA: Berrett-Publisher, Inc.

Burg, N. (2013, 24 de diciembre). *Businesses harness the power of diversity for growth.* Recuperado de Forbes: http://www.forbes.com/sites/capitalonespark/2013/12/24/businesses-harness-thepower-of-diversity-for-growth/

Burns, C., Barton, K., & Kerby, S. (2012, 12 de julio). *The state of diversity in today's workforce.* Recuperado de Center for American Progress: https://www.americanprogress.org/issues/labor/report/2012/07/12/11938/the-state-of-diversity-intodays-workforce/

Catalyst. (2014, 17 de noviembre). *Knowledge center: Women ceos of fortune 1000 companies.* Recuperado de www.catalyst.org: http://www.catalyst.org/knowledge/women-ceos-fortune-1000

Deloitte. (2014, 18 de noviembre). *About US - Inclusion.* Recuperado de Deloitte: http://www.deloitte.com/view/en_US/us/About/Inclusion/index.htm?id=us_furl_inclusion_113012

Forbes. (2012). *Global diversity rankings by country, sector, and occupation.* Recuperado de Forbes: http://images.forbes.com/forbesinsights/StudyPDFs/global_diversity_rankings_2012.pdf

Freire, P. (2000). *Pedagogy of the oppressed.* New York, NY: Continuum.

Grant, A., & Sandberg, S. (2014, 6 de diciembre). *When talking about bias backfire.* Recuperado de NY Times: http://www.nytimes.com/2014/12/07/opinion/sunday/adam-grant-and-sheryl-sandberg-ondiscrimination-at-work.html?emc=edit_th_20141207&nl=todaysheadlines&nlid=59698587&_r=1

Hoffman, J. (2014, 17 de octubre). *Mistakes in Treating Childhood Fractures.* Recuperado de The New York Times: http://well.blogs.nytimes.com/2014/10/17/mistakes-in-treating-childhoodfractures/?_r=0

McGinn, K. (2014, 12 de enero). *Executive summary: Will I stay or will I go? Cooperative and competitive effects of workgroup sex and race composition on turnover.* Recuperado de Harvard Business School: http://hbswk.hbs.edu/pdf/research.sym.mcginn.pdf

MOM. (2014, 14 de octubre). *Fostering inclusive and harmonious workplaces: Workplace diversity management toolkit.* Recuperado de Ministry of Manpower: http://www.mom.gov.sg/employmentpractices/Pages/WDM.aspx

Partners, T. W. (2014, 16 de noviembre). *Leader's toolkit on diversity*. Recuperado de Diversity Central: http://www.diversitycentral.com/tools_and_resources/managerstoolbox.php

Zweigenhaft, R. (2013, 12 de agosto). *Who rules America?* Recuperado de www.2.ucsc.edu: http://www2.ucsc.edu/whorulesamerica/power/diversity_ among_ceos.html

## CAPÍTULO SEIS
## LA COMUNICACIÓN PIVOTE

### Lecturas recomendadas y recursos

Baab, L. (2014). *The power of listening: Building skills for mission and ministry*. Lanham, MD: Rowman & Littlefield.

Barrett, D. (2006). *Leadership communication: A communication approach for senior-level managers. Handbook of Business Strategy*, 385-390.

Bisel, R., & Arterburn, E. (2013). *Making sense of organizational members' silence: a sensemakingresource model. Communication Research Reports*, 217-226.

Conrad, C., & Poole, M. (2012). *Strategic organizational communication in a global economy*. Malden, MA: Wiley-Blackwell.

Covey, S. (2014, 22 de octubre). *The 7 Habits of Highly Effective People - Habit 5*. Recuperado de Stephen Covey: https://www.stephencovey.com/7habits/7habits-habit5.php

Kouzes, & Posner. (2007). *The leadership challenge*. San Francisco, CA: Jossey-Bass.

Kouzes, J., & Posner, B. (2011). *Credibility: How leaders gain and lose it - why people demand it*. San Francisco, CA: Jossey-Bass.

Morgan, G. (2006). *Images of organization*. Thousand Oaks, CA: SAGE Publishing.

Stanley, A. (2003). *Next generation leader*. Sisters, OR: Multnomah Books.

## CAPÍTULO SIETE
## TU HOMBRE NÚMERO 12

### Lecturas recomendadas y recursos

Bolman, L., & Deal, T. (2008). *Reframing organizations: Artistry, choice and leadership*. San Francisco, Ca: Jossey-Bass.

Burger, J., & Sutton, L. (2014). *How employee engagement can improve hospital health*. Gallup Business Journal, 1-3.

Editors. (2010, octubre). *Happiness and a higher purpose*. Recuperado de Big Think: http://bigthink.com/the-voice-of-big-think/zappos-tonyhsieh-happiness-and-higher-purpose-at-work

Fortune. (2014). *100 best companies to work for*. Recuperado de Fortune Magazine: http://fortune.com/best-companies/zappos-com-38/

Frankl, V. (1992). *Man's search for meaning*. Boston, MA: Beacon Press.

Gallup. (2010). Gallup Research. *The state of the global workplace: A worldwide study of employee engagement and well-being*, 1-36. Recuperado de *The state of the global workplace: A worldwide study of employee engagement and well-being*: http://www.gallup.com/strategicconsulting/157196/state-globalworkplace.aspx

McQueen, P. (2014, abril). *Social and political recognition*. Internet Encyclopedia of Philosophy, 2. Recuperado el 2 de abril de 2014 de Internet Encyclopedia of Philosophy: http://www.iep.utm.edu/recog_sp/#H2

Morgan, G. (2006). *Images of organization*. Thousand Oaks, CA: SAGE Publishing.

Pink, D. (2013). *Drive: The surprising truth about what motivates*. New York, NY: Riverhead Books.

Schultz, H. (2008, 26 de septiembre). *How Starbucks built a global brand*, UCLA. Recuperado deYouTube: http://www.youtube.com/watch?feature=player_embedded&v=_kAiEO6jP48

Southwest. (2014, 21 de noviembre). *Culture*. Recuperado de Southwest Airlines: https://www.southwest.com/html/about-southwest/careers/culture.html

Starbucks. (2014, 14 de julio). *Starbucks Company Profile*. Recuperado de Starbucks: http://globalassets.starbucks.com/assets/ e12a69d0d51e45d58567ea9fc433ca1f.pdf

Tayor, C. (1997). *The politics of recognition*. Recuperado de A. Heble, D. Palmateer Pennee, & J. Struthers (Eds.), *New contexts of canadian criticism* (pp. 97-128). Toronto, ON: Broadview Press.

# CAPÍTULO OCHO
# VIVIENDO TU ÚLTIMA SAGA

### Lecturas recomendadas y recursos

CBS. (2014, 30 de marzo). *60 Minutes*. Recuperado de 60 Minutes: http://www.cbs.com/shows/60_minutes/ video/FPlRN1JlcxSMF7rDGmzuCSWXXrR_kvAO/ tesla-and-spacex-elon-musk-s-industrial-empire/

Editors. (2010, octubre). *Happiness and a higher purpose*. Recuperado de Big Think: http://bigthink.com/the-voice-of-big-think/zappos-tonyhsieh-happiness-and-higher-purpose-at-work

Frankl, V. (1992). *Man's search for meaning*. Boston, MA: Beacon Press.

Stanley, A. (2003). *Next generation leader*. Sisters, OR: Multnomah Books.

Warner, C., & Schmincke, D. (2009). *High altitude leadership: What the world's most forbidding peaks teach us about success*. San Francisco, CA: Jossey Bass.

Zappos. (2014, 30 de noviembre). *About Zappos*. Recuperado de www.Zappos.com: http://about.zappos.com/

# CAPÍTULO NUEVE
# IMPARABLE

### Lecturas recomendadas y recursos

Collins, J., & Hansen, M. (2011). *Great by choice: Uncertainty, chaos, and luck why some thrive despite them all*. NY, NY: HarperCollins.

Coutu, D. (2009). *Resilence works*. Harvard Business Review, 46-55.

Frankl, V. (1992). *Man's search for meaning*. Boston, MA: Beacon Press.

Kouzes, J., & Posner, B. (2011). *Credibility: How leaders gain and lose it - why people demand it*. San Francisco, CA: Jossey-Bass.

Maddi, S. (2002). *The story of hardiness: Twenty years of theorizing, research, and practice*. Consulting Psychology Journal: Practice and Research, 173-185.

OnlineCollege. (2014, 5 de diciembre). *50 famous successful people who failed at first*. Recuperado de Online College: www.onlinecollege.com

Seligman, M. (2011). *Building resilence*. Harvard Business Review, 100-108.

Warner, C., & Schmincke, D. (2009). *High altitude leadership: What the world's most forbidding peaks teach us about success*. San Francisco, CA: Jossey Bass.